utb 5028

Eine Arbeitsgemeinschaft der Verlage

Brill | Schöningh – Fink · Paderborn
Brill | Vandenhoeck & Ruprecht · Göttingen – Böhlau · Wien · Köln
Verlag Barbara Budrich · Opladen · Toronto
facultas · Wien
Haupt Verlag · Bern
Verlag Julius Klinkhardt · Bad Heilbrunn
Mohr Siebeck · Tübingen
Narr Francke Attempto Verlag – expert verlag · Tübingen
Psychiatrie Verlag · Köln
Ernst Reinhardt Verlag · München
transcript Verlag · Bielefeld
Verlag Eugen Ulmer · Stuttgart
UVK Verlag · München
Waxmann · Münster · New York
wbv Publikation · Bielefeld
Wochenschau Verlag · Frankfurt am Main

Prof. Dr. Peter Fischer-Stabel ist Professor im Fachbereich Umweltplanung und -technik am Umwelt-Campus der Hochschule Trier und Direktor des Instituts für Softwaresysteme. Lehr- und Forschungsschwerpunkt sind Themen der Umwelt- und Geo-Informatik sowie im Bereich der Visualisierung.

Peter Fischer-Stabel

Datenvisualisierung

Vom Diagramm zur Virtual Reality

Unter Mitarbeit von Jens Schneider

2., überarbeitete und erweiterte Auflage

UVK Verlag · München

Umschlagmotiv: © iStockphoto · Vladimir Cetinski

Bibliographische Information der Deutschen Nationalbibliothek
Die Deutsche Nationalbibliothek verzeichnet diese Publikation in der Deutschen Nationalbibliografie; detaillierte bibliographische Daten sind im Internet über http://dnb.dnb.de abrufbar.

1. Auflage 2018
2., überarbeitete und erweiterte Auflage 2024

DOI: https://doi.org/10.36198/9783838561677

– Ein Unternehmen der Narr Francke Attempto Verlag GmbH + Co. KG
Dischingerweg 5 · D-72070 Tübingen

Internet: www.narr.de
eMail: info@narr.de

Einbandgestaltung: siegel konzeption | gestaltung
CPI books GmbH, Leck

utb-Nr. 5028

ISBN 978-3-8252-6167-2 (Print)
ISBN 978-3-8385-6167-7 (ePDF)
ISBN 978-3-8463-6167-2 (ePub)

Vorwort

Datenvisualisierungen sind aus unserem täglichen Leben nicht mehr wegzudenken: In allen Wissenschaftsdisziplinen, aber auch im Alltag treffen wir ständig auf grafische Darstellungen in Form von Diagrammen, Kartenwerken, Bildern, 3D-Modellen etc. die zu lesen und zu verstehen sind. Häufig sind wir auch selbst gefordert, die in umfassenden Datenreihen enthaltenen Sachverhalte grafisch aufzubereiten, um komplexe Informationen in ein visuelles Umfeld zu transportieren und so Informationen angemessen und effektiv kommunizieren zu können.

Die vorlegende Publikation will in ihrer 2. Auflage demzufolge wichtige Felder der Computervisualistik vorstellen, die sich mit der grafischen Aufbereitung von Daten auseinandersetzen. Das Spektrum reicht von elementaren Methoden zur Erstellung von Diagrammen, Infografiken und Kartenwerken über die geometrische Modellierung und Bildbearbeitung bis hin zum Immersive Computing sowie dem Einsatz von Chat Bot´s in der Visualisierung.

Der Schwerpunkt des Buches liegt dabei nicht auf der algorithmischen Beschreibung und Erläuterung von grundlegenden Techniken der grafischen Datenverarbeitung, sondern auf deren Anwendung in der Datenvisualisierung mittels entsprechender Softwaresysteme.

Da der Focus auf einer praxisorientierten Vermittlung des Stoffs liegt, ist das Werk geeignet für Studierende aller Studiengänge, aber auch für Praktiker, die sich in das hochdynamische Feld der grafischen Datenverarbeitung einarbeiten und praxisrelevante Visualisierungstechniken kennenlernen möchten. Weiterführende Literaturhinweise am Ende eines jeden Kapitels ermöglichen, bei Bedarf tiefer in das jeweilige Themenfeld einzutauchen. Begleitende Unterlagen, Übungsaufgaben und Beispieldaten finden sich zudem auf der Web-Seite zu diesem Buch.

Mein Dank gilt an dieser Stelle den Herren Jens Schneider (Beitrag Immersive Computing), Levin Zais und Christian Jiga sowie Frau Sabrina Abler, die über ihre Zuarbeit maßgeblich an der Entstehung dieser Publikation mitgewirkt haben.

Ich wünsche allen Lesern viel Erfolg bei der Beschäftigung mit dem spannenden Thema Datenvisualisierung.

Trier, im Mai 2024 | Peter Fischer-Stabel

Hinweise zum Buch

- Visualisierung ist ein kommunikativer Prozess: Die Eignung der gewählten Lösung kann am besten ein neutraler Betrachter liefern. Legen Sie Ihr Produkt einem Bekannten vor, der die Lesbarkeit beurteilen soll.
- Durch die aufmerksame Lektüre von Grafiken in Tagespresse, von Web-Präsentationen, aber auch durch das Studium von Computerspielen sowie von AR- und VR-Anwendungen gewinnen Sie neue Ideen, die Sie ggf. später für eigene Visualisierungen nutzen können. Lassen sie sich inspirieren.
- Mittels selbstständiger Anfertigung von Visualisierungen gleich welcher Sachverhalte und durch das Experimentieren mit alternativen Darstellungsmethoden lernen Sie sukzessive die Gestaltungsmöglichkeiten kennen, die Ihre Visualisierungssoftware bietet.
- Die Übungsaufgaben sollten ohne vorherigen Blick in die Musterlösung bearbeitet werden.
- Die zitierten Internetquellen wurden – falls nicht gesondert erwähnt – letztmalig am 4.4.2024 aufgerufen. Auf eine individuelle Datumsangabe wurde bei den Quellenangaben demzufolge verzichtet.

Zu diesem Buch gibt es einen ergänzenden eLearning-Kurs aus 100 Fragen.

Mithilfe des Kurses können Sie online überprüfen, inwieweit Sie die Themen des Buches verinnerlicht haben. Gleichzeitig festigt die Wiederholung in Quiz-Form den Lernstoff.

Der eLearning-Kurs kann Ihnen dabei helfen, sich gezielt auf Prüfungssituationen vorzubereiten.

Der eLearning-Kurs ist eng mit vorliegendem Buch verknüpft. Sie finden im Folgenden zu den wichtigen Kapiteln QR-Codes, die Sie direkt zum dazugehörigen Fragenkomplex bringen. Andersherum erhalten Sie innerhalb des eLearning-Kurses am Ende eines Fragendurchlaufs neben der Auswertung der Lernstandskontrolle auch konkrete Hinweise, wo Sie das Thema bei Bedarf genauer nachlesen bzw. vertiefen können. Diese enge Verzahnung von Buch und eLearning-Kurs soll Ihnen dabei helfen, unkompliziert zwischen den Medien zu wechseln, und unterstützt so einen gezielten Lernfortschritt.

Zusatzmaterial.

Begleitend zum Buch stellt der Autor unter

https://files.narr.digital/97825261672/Zusatzmaterial.zip

zusätzliche Materialien zur Verfügung.

Inhalt

Abbildungsverzeichnis

1 Einführung

Die Lernfragen zu diesem Kapitel finden Sie unter:
https://narr.kwaest.io/s/1261

Lernziele

Nach der Durcharbeitung dieses Kapitels sollten Sie

- die Bedeutung der Begriffe Grafische Datenverarbeitung, Computer Vision und Visual Computing kennen,
- die zentralen Anwendungsfelder der grafischen Datenverarbeitung bzw. der Computergrafik benennen können,
- die Unterschiede zwischen Vektor- und Rastergrafik kennen,
- einen Überblick über die verschiedenen Anwendungsfelder der Datenvisualisierung haben.

Die Computergrafik bietet mittlerweile insbesondere im Bereich der Virtual Reality die Möglichkeit, Präsentationen zu erstellen und virtuelle Räume zu schaffen, in denen der Betrachter sich quasi in der realen Welt zu finden glaubt. Während der Kinofilm Matrix zum Zeitpunkt seiner Erscheinung im Jahre 1999 noch intensive Diskussionen ob der realen Möglichkeiten einer derartigen Immersion stimulierte, finden wir heute bereits eine Vielzahl von High-End-Anwendungen die Realität und Virtualität verschmelzen lassen. Aber auch auf dem Gebiet der „einfachen" Visualisierung von Datenbeständen oder Sachverhalten bietet die Computergrafik aktuell ein Set an Methoden und Tools, professionelle und ansprechende Präsentationen zu erstellen.

Die Einsatzmöglichkeiten sind dabei fast unbegrenzt: Neben den bekannten traditionellen Anwendungsfeldern in der Informationswirtschaft (z.B. Infografiken in Offline- und Online-Medien) oder z.B. im Bereich Computerspiele nutzen auch Branchen wie z.B. die Regionalplanung, der Städtebau, die Medizin, die Touriswirtschaft oder auch Katastrophenmanagement und Umweltmonitoring in großem Umfang Visualisierungstechniken für ihre Zwecke.

Insbesondere raumplanerische Disziplinen sowie Anwendungen im Umweltbereich, zunehmend aber auch cyber-physische Applikationen wie z.B. roomscale VR-Anwendungen, nutzen hierbei Daten verschiedenster Quellen (z.B. Luftbilder, Gelände- und Oberflächenmodelle, Gebäudemodelle, topografische Informationen), um eine möglichst realitätsnahe Arbeits- bzw. Spielumgebung generieren zu können.

Aber auch die exponentiell wachsende Informationsmenge, die mit immer neuen Techniken und Sensoren akquiriert bzw. generiert wird (vgl. Entwicklungen im Bereich des Internets der Dinge IoT), erzwingen eine effiziente Aufbereitung und Analyse dieser Daten durch Mensch und Maschine. Techniken der Datenvisualisierung, als einem Teilbereich des weiten Feldes der Computergrafik, helfen hier den Akteuren der verschiedensten Disziplinen den Informationsgehalt geeignet zu entschlüsseln.

Aufgrund der Leistungssteigerungen in der Mikroelektronik hat sich die Grafische Datenverarbeitung (GDV) zu einem der dynamischsten Gebiete der Informatik entwickelt (z.B. Multi-Media-Anwendungen, Visualisierung, Mixed Reality, ...). Sie bietet Verfahren, um Bilder zu produzieren und zu manipulieren, wobei Bilder als besondere Art der Ausgabe von rechnerinternen Darstellungen anzusehen sind.

> Definition: **Computer Graphics** nach ISO82.a: Methods & techniques for converting data to and from graphics displays via Computer.

Im Bereich der Grafischen Datenverarbeitung unterscheiden wir historisch nach Enanacao, Strasser & Klein[1] folgende Teilgebiete:

- Generative Computergrafik (Bilderzeugung aus Modellen)
- Bildverarbeitung (image processing)
- Bildanalyse (image analysis)

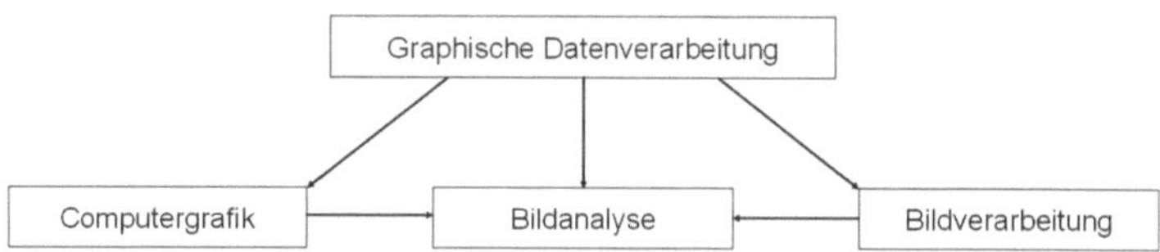

Abb. 1: Teilgebiete der Grafischen Datenverarbeitung

Neben dem etwas in die Jahre gekommenen Begriff der Grafischen Datenverarbeitung finden heutzutage häufig die Termini „Visual Computing“ sowie „Computer Vision“ Verwendung.

1 Enanacao J., W. Strasser & R. Klein (1996): Graphische Datenverarbeitung 1. Gerätetechnik, Programmierung und Anwendung graphischer Systeme. Oldenbourg Verlag München Wien

- **Visual Computing** stellt dabei den Oberbegriff für die verschiedenen Informatikdisziplinen dar, die sich mit Bildern, Bildinformationen und auch 3D-Modellen befassen. Entsprechend existiert unter dem Oberbegriff „Visual Computing" auch die Einteilung in: Bildbearbeitung (e.g. künstlerische Darstellung), Bildverarbeitung (Extraktion von Daten aus Bildern; image processing incl. der Bildanalyse) sowie in die Computergrafik.
- **Computer Vision** (e.g. maschinelles Sehen, Bildverstehen) stellt demgegenüber lediglich einen Teilbereich im weiten Feld des Visual Computing dar. Es beschäftigt sich im Schwerpunkt mit rechnergestützten Lösungen von Fragestellungen, die sich an den Fähigkeiten des menschlichen visuellen Systems orientieren (z.B. Qualitätssicherung, autonomes Fahren, Sicherheitstechnik). Computer Vision stellt demzufolge auch ein Technologiefeld im Bereich der Künstlichen Intelligenz (KI) dar, welches ermöglicht, Informationen aus digitalen visuellen Datenbeständen automatisiert zu extrahieren.

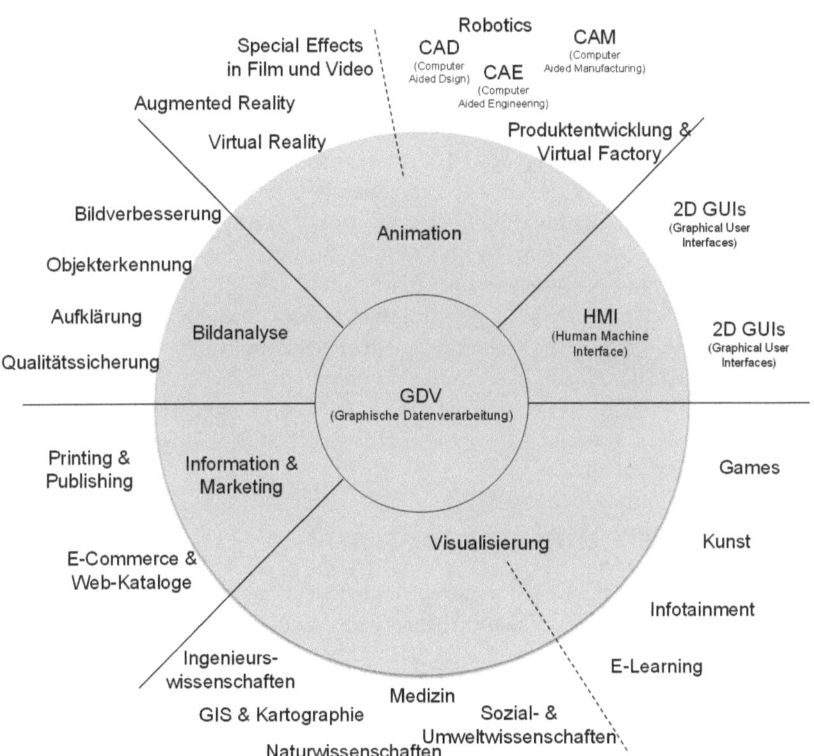

Abb. 2: Schalenmodell zur Grafischen Datenverarbeitung

Die Grafische Datenverarbeitung kann man in Anlehnung an Krömker[2] auch in Form eines Schalenmodells betrachten (vgl. Abb. 2). Der innere Kern beinhaltet dabei die technologischen Grundlagen der Disziplin, die äußere Schale stellt einen Ausschnitt der vielfältigen Anwendungsdisziplinen dar.

Wie im Titel bereits beschrieben, werden im vorliegenden Werk nicht alle Bereiche der grafischen Datenverarbeitung besprochen. Unser Focus liegt auf der Visualisierung von Daten unterschiedlichster Herkunft. Trotzdem fließen die Ergebnisse aus der Anwendung von Visualisierungstechniken selbstverständlich auch in die benachbarten Disziplinen ein. So sind bspw. Computerspiele oder Anwendungen im Bereich der Virtual Reality (VR) ohne eine vorlaufende geometrische Modellierung der Szenen nicht vorstellbar. Ebenso wenig kommt die Gestaltung von Web-Seiten oder Software-Oberflächen (Bereich HMI) nicht ohne Visualisierungstechniken aus, die automatisierte Objekterkennung nicht ohne eine vorherige geeignete Aufbereitung des Bildmaterials, um nur zwei Gebiete zu benennen.

Das Arbeiten mit grafischer Anwendungssoftware im Rahmen der Produktentwicklung, Simulation etc. erfordert hierbei ebenso ein Grundverständnis von der Bildsynthese, wie die Entwicklung gegenständlicher Produkte unter Verwendung von CAD-Software Grundkenntnisse der geometrischen Modellierung verlangt.

Auch wird durch den stetig steigenden Einsatz unterschiedlichster bildgebender Verfahren (z.B. Digitalfotografie, Thermographie, Sonographie, Rasterelektronenmikroskopie) ein grundlegendes Verständnis vom Aufbau und den Bearbeitungsmöglichkeiten digitalen Bildmaterials erwartet. Aufgrund der großen fachlichen Breite der Computergrafik (z.B. Grafik-Hardware, Psychophysik des visuellen Systems, geometrische und numerische Probleme, physikalische Modellbildung, Licht-Materie-Interaktion, algorithmische Probleme und Optimierungen etc.) können im vorliegenden Werk lediglich einige Grundlagen im Rahmen einer Einführung in die Thematik vermittelt werden. Der Besuch weiterführender Lehrveranstaltungen auf dem Gebiet der Grafischen Datenverarbeitung und der Computergrafik im Rahmen Ihres Studiums wird von den Autoren deshalb mit Nachdruck empfohlen.

1.1 Raster- und Vektorgrafik

Das Anzeigen und Bearbeiten von Diagrammen, der Schnitt von Videos oder die Darstellung aufwändiger 3D-Animationen am Monitor erfordern ein hoch leistungsfähiges Grafiksystem, welches die Grafikoperationen quasi in Echtzeit zu verarbeiten und am Monitor darzustellen in der Lage ist. Das grafische System eines Rechnerarbeitsplatzes besteht dabei prinzipiell aus folgender Basiskonfiguration:

---

[2] Krömker Detlef: Modul B-CG Grundlagen der Computergrafik.- http://slideplayer.org/slide/4828585/

- Anwendungssystem: Anwendungsproblematik wie Zeichnen, Entwerfen, Gestalten; (z.B. Modellierungssysteme, CAD, GIS, Bildverarbeitung etc.)
- Grafiksystem: technische Aspekte wie 2D-, 3D-Darstellung, Interaktion; (z.B. Vulkan, Open GL, DirectX, ...)
- Grafische Peripherie: z.B. Ausgabe- und Eingabegeräte, die sich in Auflösung, Darstellungsgeschwindigkeit, Qualität, Farbgebung etc. differenzieren.
- Grafische Systeme erzeugen dabei Bilder aus grafischen Objekten (Bildkomponenten), wobei diese Objekte mit Eigenschaften versehen sind (Sichtbarkeit, Identifizierbarkeit, Farbe ...). Das grafische System definiert letztlich auch die Menge der ausführbaren grafischen Operationen auf diesen Bildkomponenten, wie Erzeugen, Löschen, Transformationen, Namensgebung etc.

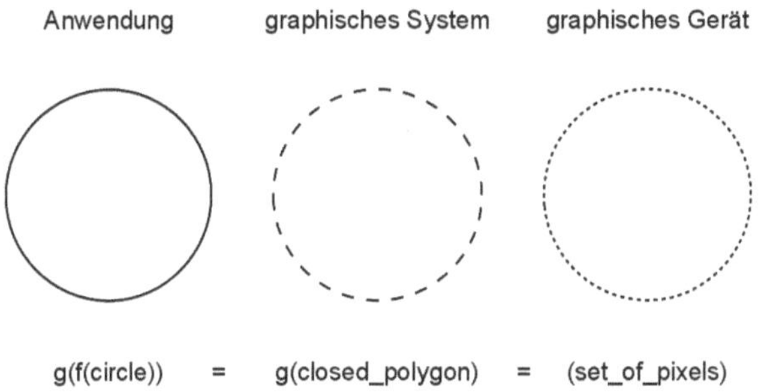

Abb. 3: Verlust von Strukturinformation bei der Abbildung von Anwendungsdaten auf die grafische Peripherie

Die Datenstrukturen jeder Systemkomponente werden bei der Visualisierung auf Datenstrukturen des jeweils darunter befindlichen Systems abgebildet (vgl. obige Grafik in Anlehnung an[3]). Diese Abbildung geht mit einem Verlust an Strukturinformation, ausgehend von der Anwendungssoftware hin zur grafischen Peripherie, einher.

Daten des Anwendungssystems (Anwendungsmodell):

- werden nicht nur zur grafischen Darstellung verwendet, sondern vor allem zur Analyse und zum besseren Verständnis von Sachverhalten
- die Ableitung von geometrischen bzw. grafischen Daten ist möglich
- Jede Datenstruktur des Anwendungssystems muss sich auf niedrigere Strukturen (grafische Objekte) und diese wiederum auf grafische Ausgabeeinheiten abbilden lassen.

---

[3] Enanacao J., W. Strasser & R. Klein (1996): Graphische Datenverarbeitung 1. Gerätetechnik, Programmierung und Anwendung graphischer Systeme. Oldenbourg Verlag München Wien

Datenstrukturen und Datentypen grafischer Geräte:

- Die Abbildung auf ein grafisches Gerät (z.B. Monitor) erfolgt durch Umsetzung des vom grafischen System übernommenen Anwendungsmodells. Dies beinhaltet in der Regel eine Abbildung auf niedrigere Strukturen (z.B. Kreis [funktion] im Anwendungssystem wird auf eine Folge von Bildpunkten des Kreisumfangs am Monitor abgebildet). Die Abbildung von Bildkomponenten (Objekten) des Anwendungsmodells (z.B. CAD-Software) über das grafische System (z.B. OpenGL) auf das grafische Gerät (z.B. Monitor) geht somit – wie oben erwähnt – mit einem Verlust an Strukturinformation der Modelldaten einher.
- Unter grafischen Primitiva verstehen wir kleinste und unteilbare grafische Objekte. In Abhängigkeit von den zu verarbeitenden Primitiva kann die Computergrafik unterschieden werden in Vektor- und Rastergrafik.

1.1.1 Rastergrafik

Definition: Eine Rastergrafik ist aus einer rasterförmigen Anordnung von einzelnen Bildpunkten aufgebaut. Die Bildpunkte (Pixel = Picture Element) tragen als grafisches Primitivum dabei die jeweilige Grauwert- bzw. Farbwertinformation. Wesentliche Merkmale einer Rastergrafik sind die Bildauflösung und die Farbtiefe.

Zur digitalen Codierung der Bildinformationen wird diese entsprechend in eine Folge von Rasterpunkten zerlegt. Die Ausprägung dieser Rasterpunkte (schwarz/weiß, Graustufen, Farben) kann durch ein Bit (2^1 = 2 Abstufungen), ein Byte (2^8 = 256 Abstufungen) oder auch mehrere Bytes (z.B. 3 x 8 Byte je RGB-Farbkanal, d.h. 24 Bit (2^{24}) = True Color = ca. 16,8 Mio. Farben) codiert werden. Die Menge an Speicher, die für diese Codierung bereitgestellt wird, ist auch durch den Begriff der **Farbtiefe** festgelegt.

Die Anzahl an Bild- bzw. Rasterpunkten je Flächeneinheit definiert die Qualität der Bildauflösung.

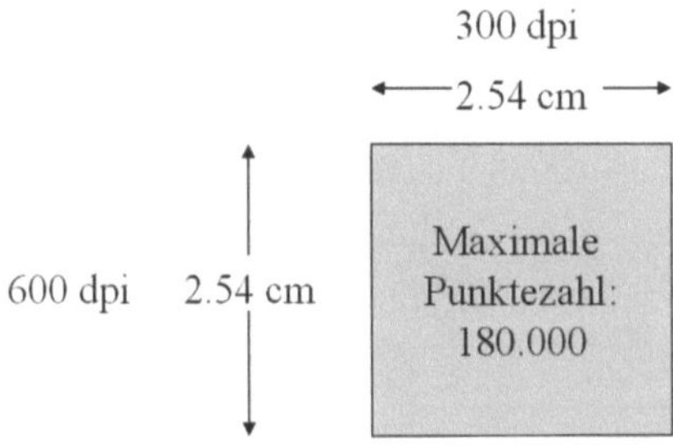

Abb. 4: Beispiel einer 300 (horizontal) x 600 (vertikal) dpi-Bildauflösung

Bildauflösung (Anzahl von Spalten und Zeilen; Bildgröße): Angabe der geometrischen Auflösung in dpi (Dots/Bildpunkte per inch = 2,45 cm bzw. ppi = pixel per inch). Die Anzahl von Spalten und Zeilen kann dabei durchaus unterschiedlich sein.

Die unterschiedlichen **Bildformate** enthalten Regelwerke, wie der Bildinhalt in eine Folge von Bytes übersetzt und in einer Datei abgespeichert wird. Ein sehr einfaches Format ist die Bitmap, in der jeder Bildpunkt mit dem gleichen Aufwand gespeichert wird. Als Binärbild enthalten die einzelnen Pixel einer Bitmap entweder den Wert 1 oder 0, d.h. schwarz oder weiß.

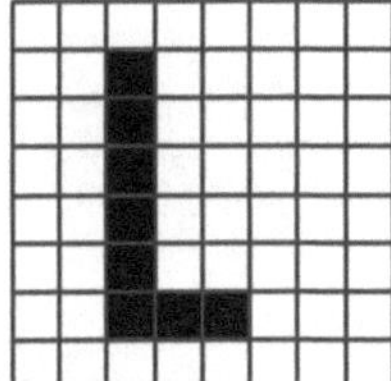

0	0	0	0	0	0	0	0
0	0	1	0	0	0	0	0
0	0	1	0	0	0	0	0
0	0	1	0	0	0	0	0
0	0	1	0	0	0	0	0
0	0	1	0	0	0	0	0
0	0	1	1	1	0	0	0
0	0	0	0	0	0	0	0

Abb. 5: Beispiel eines Binärbildes

Weitere Eigenschaften von Rasterdaten:

- Beschreibung der Bildelemente / Objekte erfolgt durch die Ausprägung der Bildpunkte.
- Die Bildpunktinformation kann dabei auch Fachinformation codieren, bspw. Höhenwerte (z.B. digitale Geländemodelle), Temperaturangaben (z.B. Thermografie) oder sonstige Messwerte (z.B. Schadstoffdeposition)
- Nachbarschaftsinformation (Topologie) ist implizit vorhanden
- leicht konvertierbar und wegen impliziter Topologie gut geeignet für Simulation und Modellbildung
- Es existiert eine große Vielfalt von Dateiformaten mit Unterschieden in der Datenqualität (z.B. verlustfreie bzw. verlustbehaftete Ablage der Bildinformation), Speicherbedarf, zusätzlicher spezifischer Informationen (z.B. Metadaten, Ebenenkonzepte), Verbreitung etc.
- Treppen- und Aliasing-Effekte als Darstellungsproblem z.B. bei Skalierungen
- Aus gerätetechnischer Sicht (v.a. Ausgabe) gibt es heute fast nur noch Rastergrafik.

1.1.1.1 Beispiel Rastergrafik: Geländemodell / Heightmap

Dass der Bildinhalt unterschiedlich interpretiert werden kann, zeigt nachfolgendes Beispiel. Während die Netzstruktur in Abbildung 6 für den einen Betrachter ein interessantes Kunstwerk darstellen mag, enthält das Bild für andere einfach nur Information über Geländehöhen, die z.B. im Rahmen einer Standortplanung

Eingangsdaten für eine Raumanalyse liefern. Da im zweitgenannten Fall eine flächenhafte Datenerfassung im Bild codiert vorliegt, empfiehlt es sich, zur Vermeidung eines Informationsverlustes hier auch Bild-Datenformate zu wählen, die eine verlustfreie Komprimierung erlauben (z.B. TIFF).

Da Bilder wie beschrieben Beobachtern mit verschiedenen Interessen unterschiedliche Informationen liefern, können auch die auf das Bildmaterial angewendeten Operationen und Auswertealgorithmen völlig unterschiedlich sein.

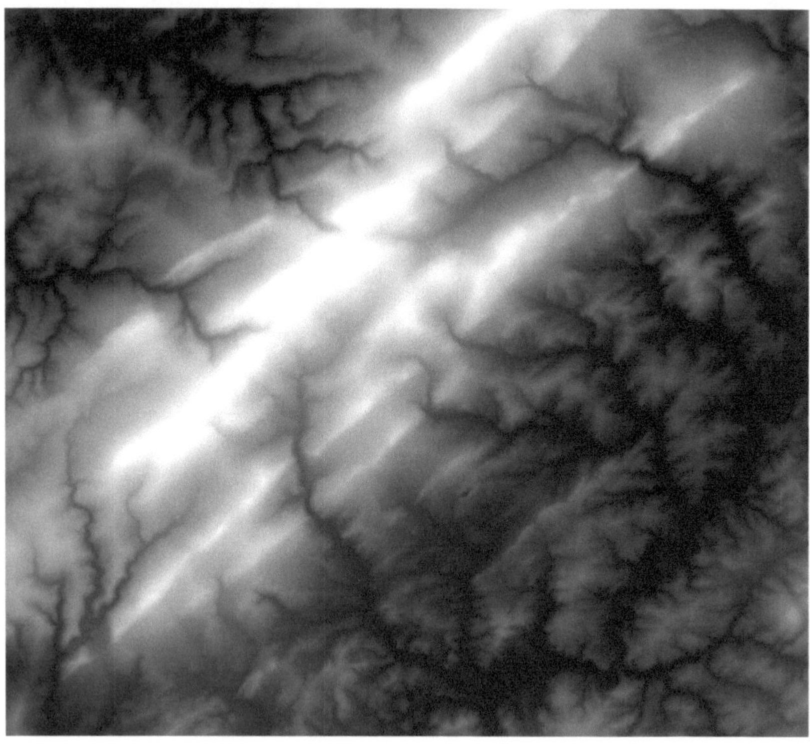

Abb. 6: Beispiel einer Rastergrafik, bei der Höheninformation in den Bildpunkten codiert ist (digitales Geländemodell / Heightmap)

Im vorangehenden Bildbeispiel einer Heightmap beschreibt ein Bildpunkt die Höheninformation eines bestimmten Bereichs der Erdoberfläche: Die Tonwerte codieren die ganzzahligen Höhenwerte in Meter über Normalnull (ü. NN), die einzelnen Pixel bilden dabei eine Fläche von 5 x 5 m ab; der geografische Raumbezug (Georeferenzierung) wird über die Metadaten zum Bild hergestellt (Dateiformat: GeoTIFF).

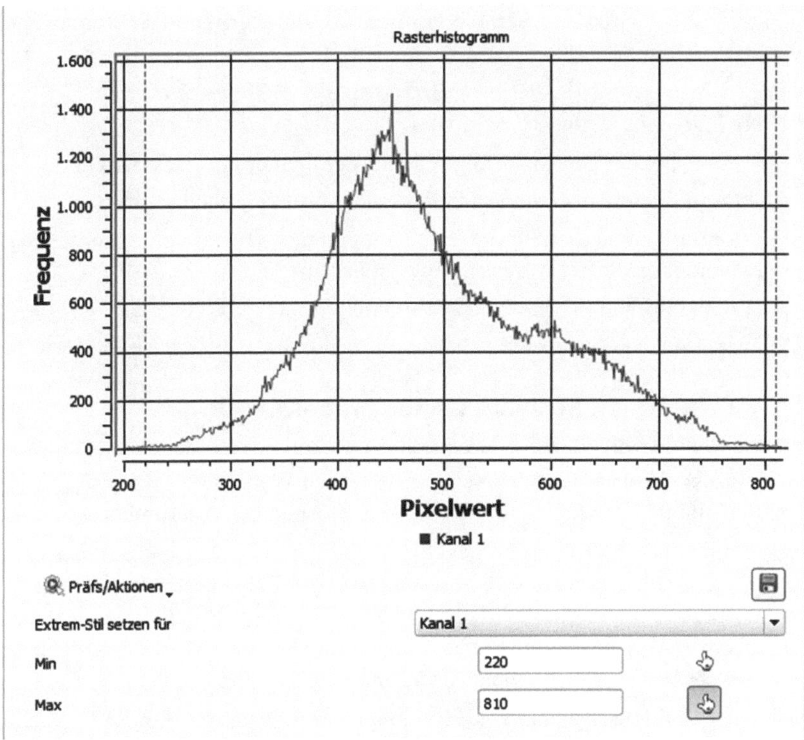

Abb. 7: Histogramm zur Verteilung der Bildpunktausprägung der obigen Heightmap. Pixelwert beinhaltet die Höhenwerte, Frequenz die Häufigkeit des jeweiligen Auftretens.

1.1.2 Vektorgrafik

Definition: „Eine Vektorgrafik ist die praktische Umsetzung der analytischen Geometrie, mit der ausnahmslos Linien auf dem Ausgabegerät gezeichnet werden. Die Linien werden wie Vektoren behandelt (daher die Bezeichnung), mit einem Anfangs- und einem Endpunkt und Koordinaten für diese Punkte. Diese Art der Repräsentation ist unabhängig von der Bildauflösung und erlaubt die verlustfreie Bearbeitung der Bildinhalte.“[4]

[4] Schiele, H.-G. (2012): Computergrafik für Ingenieure. Eine anwendungsorientierte Einführung. Springer Verlag, Heidelberg

In einer Vektorgrafik bestehen die grafischen Darstellungen aus zusammengesetzten Primitiva (Punkte, Linien, Polygonen, Körper) und deren Eigenschaften (exakte Position, Farben, Texturen etc.).

Weitere Eigenschaften von Vektordaten:

- Beschreibung der Objekte erfolgt durch Koordinatentupel bzw. -tripel
- Vektorgrafiken können ohne Qualitätsverlust beliebig skaliert werden
- Vektorgrafiken müssen für die Darstellung immer neu gerendert werden, d.h. eine Vektor-zu-Raster-Konvertierung ist durchzuführen
- Es existieren zahlreiche spezialisierte Dateiformate für diverse Anwendungen
- 3D-Grafiken werden als Szenen- oder Geometrieformate bezeichnet

1.1.2.1 Beispiel: Scalable Vector Graphics (SVG)

SVG ist eine Spezifikation zur Beschreibung von zweidimensionalen Vektorgrafiken für das World Wide Web, welche z.B. durch Webbrowser dargestellt werden können und demzufolge im Design von Webseiten weit verbreitet.

Die Anfänge der Entwicklung von SVG gehen bereits auf die Jahrhundertwende zurück, als diverse Industriekonsortien versuchten, mit z.B. der Vector Markup Language (VML) bzw. der Precision Graphics Markup Language (PGML) einen Standard für skalierbare Webgrafiken zu etablieren. Seit dem Jahre 2005 ist SVG nun offizieller Standard des W3C zur Beschreibung zweidimensionaler Webgrafiken.

Neben der Skalierbarkeit, der Unterstützung eines komplexen Designs (Verläufe, Muster, Licht, Schatten etc.) sowie von Stylesprachen (z.B. CSS), der Ermöglichung einer skriptgesteuerten Interaktion mit Nutzern, sowie der diversen Animationsmöglichkeiten, ist ein weiterer Vorteil von SVG die für Mensch und Maschine gut lesbare XML-basierte Dokumentenstruktur.

SVG-Dateien können mit jedem Texteditor, aber auch mittels entsprechender Grafikprogramme erstellt werden (z.B. Inkscape), für die Anzeige ist ein Browser mit SVG-Unterstützung erforderlich (z.B. Edge Chromium seit 2020 mit voller SVG-Unterstützung).

Ein Tutorial zur Einführung in SVG findet sich unter anderem bei[5]. Nachfolgend sehen sie ein Beispiel der SVG-Syntax.

```
<?xml version="1.0" encoding="utf-8" ?>
    <!DOCTYPE svg PUBLIC "-//W3C//DTD SVG 1.1//EN"
    "http://www.w3.org/Graphics/SVG/1.1/DTD/svg11.dtd">
    <svg width="600" height="600" xmlns="http://www.w3.org/2000/svg" >
<title>SVG aus KREISELEMENTEN</title>
    <desc> Erstellung einer Vektorgrafik in SVG aus Kreiselementen
    </desc>
```

[5] https://wiki.selfhtml.org/wiki/SVG/Tutorials/Einstieg

```
    <!-- gelber Kreis -->
<circle cx="200" cy="200" r="150" fill="yellow" stroke="black" stroke-
    width="5"/>
<!-- Augen -->
<circle cx="150" cy="150" r="15" fill="black" stroke="black"/>
<circle cx="250" cy="150" r="15" fill="black" stroke="black"/>
    <!-- Mund -->
<path d="M120,250 C170,300 230,300 280,250" fill="none" stroke="black"
    stroke-width="3"/>
</svg>
```

Abb. 8: SVG-Code zur nachfolgenden Vektorgrafik

Abb. 9: SVG-Vektorgrafik, aufgebaut ausschließlich aus Kreiselementen

1.2 Anwendungsfelder der Visualisierung

Visualisierungstechniken werden bereits seit dem Altertum in allen Disziplinen eingesetzt, sei es aus Gründen der erleichterten Kommunikation, der Manipulation oder auch zum Zeitvertreib, um nur einige Motivationsfelder zu benennen.

Im Bereich der Sozial-, Umwelt- und Ingenieurwissenschaften gibt es eine Vielzahl von Anwendungsfeldern, von denen nachfolgend einige exemplarisch aufgeführt werden:

- Business Charts bzw. allgemeine **Diagrammtechniken**: Universell verbreitete grafische Darstellung aller Arten von Diagrammen und Infografiken mit einer großen Spannweite an grafischen Gestaltungsmöglichkeiten, insbesondere beim Einsatz entsprechender Softwarepakete (z.B. Excel Diagramm Editor, Statistikpakete, Matlab etc.)
- **Geo-Informationssysteme** und **Kartografie**: Anwendungen in der Auswertung und Darstellung georeferenzierter Daten in Form von Kartenwerken wie z.B. im Bereich der digitalen Planerstellung, der Computerkartografie oder im Anwendungsfeld der Navigationstechnik (z.B. Software ArcGIS, Quantum GIS)
- **Computer Aided Design** (CAD): Software zum rechnergestützten Konstruieren, der Entwicklung von 3D-Modellen sowie der Entwicklung technischer Lösungen. Ursprünglich als Hilfsmittel zur Erstellung von technischen 2D-Zeichnungen entwickelt, können heute neben der räumlichen Abbildung von

Objekten auch zugehörige Fachinformationen wie z.B. Materialeigenschaften verwaltet und ausgewertet werden. Beispiele: AutoCAD, CATIA, SolidWorks, FreeCAD; viele branchenspezifische Lösungen am Markt erhältlich.

- **Geometrische (3D-) Modellierung**: Objekte werden softwareseitig – ähnlich wie bei den vorgenannten CAD-Systemen – als Abbild realer Objekte wie Architektur, Objekte des tägl. Lebens, Maschinen etc. nachgebildet. Dabei besitzen diese Objekte bestimmte Oberflächeneigenschaften (z.B. eben, uneben, fraktal), Volumenobjekte eine innere Struktur, realitätsnahe Objekte wie z.B. Wolken besitzen Fraktale (natürliche/künstliche/geometrische Muster) etc. Zum Teil mit automatischer Generierung von perspektivischen Ansichten (z.B. Software 3D-Studio Max, MAYA, Lightwave, Cinema 4D, Blender)
- **Digitale Bildverarbeitung**: Nachbearbeitung und Manipulation gescannter Analogbilder (z.B. Fotos) oder originaler Scanner-Daten (z.B. Luft- und Satellitenbilder, digitale Fotografie, bildgebende Verfahren der Medizin) mittels Funktionen der Rastergrafik (z.B. Software Photoshop, GIMP, Erdas Imagine)
- **Bildanalyse**: Extraktion gewünschter Informationen aus digitalen Bilddaten; z.B. im Bereich Qualitätsmanagement, Videoüberwachung, Objektschutz und intelligenter Sicherheitssysteme. (Softwarebeispiele: MEVISLab, HalCon, Imaging Library, OpenCV, ToolIP etc.)
- **Virtual Reality**: Techniken zur Erzeugung einer möglichst glaubwürdigen virtuellen Wirklichkeit. Basiert insbesondere auf den Arbeiten im Bereich der geometrischen Modellierung. Anwendungen werden mittlerweile häufig durch akustische und weitere Effekte (z.B. haptisch, olfaktorisch) ergänzt. Bewegung als zusätzliche grafische Variable: Interaktive Bewegung des Anwenders in virtuellen 3D-Räumen („Cyberspace") mit automatischer Generierung von perspektivischen Ansichten (z.B. Software Unreal Engine, CryEngine in Verbindung mit Head Mounted Displays HMD´s)
- **Computerkunst** und **Desktop-Publishing**: Anwendung der Computergrafik in der gestaltenden Kunst[6], in Design-Anwendungen (z.B. in der Werbung) sowie den klassischen Printmedien
- **Infotainment**: Der Begriff ist eine Komposition aus den beiden Wörtern „Information" und „Entertainment" und beschreibt die Kombination von Information und Unterhaltung, ähnlich dem Edutainment, das seinen Schwerpunkt in der unterhaltsamen Vermittlung von Lernaspekten bzw. Wissen findet (vgl. auch Gamification)
- **Wissenschaftliche Visualisierung**: Visualisierung hochkomplexer Szenarien bzw. Informationen im Umfeld von Forschungsprojekten bzw. der Industrie, häufig mittels hochspezialisierter Software (z.B. VisIT, MeVisLab, Avizo)

---

[6] http://zkm.de/

1.3 Literatur

Enanacao J., W. Strasser & R. Klein (1996): Graphische Datenverarbeitung 1. Gerätetechnik, Programmierung und Anwendung graphischer Systeme. 4. Auflage. - Oldenbourg Verlag München Wien

Nischwitz A., M. Fischer, P. Haberäcker & G. Socher (2019): Computergrafik und Bildverarbeitung. Band 1: Computergrafik. 4. Auflage. - Vieweg + Teubner Verlag, Wiesbaden

Schumann H. & W. Müller (2000): Visualisierung. Grundlagen und allgemeine Methoden. - Springer Verlag Berlin Heidelberg

Ward M., Grinstein G. & D. Keim (2010): Interactive Data Vizualisation. Foundations, Techniques, Applications. - A K Peters, Ltd. Natick, Massachusetts

2 Computervisualistik

Die Lernfragen zu diesem Kapitel finden Sie unter:
https://narr.kwaest.io/s/1262

Lernziele

Nach der Durcharbeitung dieses Kapitels sollten Sie

- einen grundlegenden Überblick zu den Wahrnehmungskapazitäten des Menschen und deren Beschränkungen bzw. Einschränkungen haben,
- den allgemeinen Visualisierungsprozess ausgehend von den vorliegenden Rohdaten hin zum fertigen Bild beschreiben können,
- ein Verständnis für eine gute Organisation und Verwaltung des zugrundeliegenden Datenbestandes haben,
- die Qualität bzw. Eignung einer Visualisierung beurteilen können.

Die Visualisierung setzt den Begriff des Visuellen in der Datenverarbeitung ins Zentrum des Interesses und spielt in der grafischen Datenverarbeitung für den Anwender die herausragende Rolle. Die Computervisualistik (CV), ein Begriff, der in den letzten Jahren zunehmend populär geworden ist und weite thematische Felder der GDV abdeckt, stellt hierbei ein interdisziplinäres Gebiet der Informatik dar, welches sich mit allen Formen der Bilderzeugung, Bildverarbeitung und Bildgestaltung auseinandersetzt.

Ziele der Visualisierung können dabei sowohl die **Entschlüsselung des Informationsgehaltes** als auch das bessere **Verständnis** und die erleichterte **Kommunikation** von Daten, Strukturen, Modellen oder auch Konzepten sein. Aber auch manipulative Ansätze können durch geeignete Visualisierungstechniken unterstützt werden.

Generisch betrachtet befasst sich die CV somit mit der Bereitstellung geeigneter visueller Repräsentationen in den unterschiedlichsten Anwendungsfeldern. Sie kann je nach Ausprägung und Anwendungsbereich – wie andere Gebiete der Medieninformatik – ihren Schwerpunkt sowohl auf der technischen als auf der kreativen Seite haben.

Definition: Die Computervisualistik ist – wie auch die Wirtschaftsinformatik oder Medieninformatik – eine interdisziplinäre Informatik-Disziplin, die sich mit allen Formen der Bilderzeugung, Bildverarbeitung und -gestaltung mittels des Computers auseinandersetzt.

Die Forschungsschwerpunkte der CV sind -neben den klassischen Bereichen Computergrafik, Simulation und Visualisierung- zunehmend auch interdisziplinär zwischen der Informatik und der Kognitions- und Kommunikationsforschung sowie der Psychologie angesiedelt.

Nachfolgendes einfaches Beispiel unterstreicht den Vorteil von Visualisierungstechniken auf dem Gebiet der explorativen Datenanalyse: Das meteorologische Messnetz des Deutschen Wetterdienstes erfasst seit seinem Aufbau in den 1950er Jahren kontinuierlich eine Vielzahl von Parametern. Wollen wir nun im Rahmen der Klimawandeldiskussion auf geänderte Jahresdurchschnittstemperaturen z.B. am Messstandort Saarbrücken-Ensheim hinweisen, können wir dies unter Verwendung der (aggregierten) Jahresmittelwerte in tabellarischer Form tun, oder aber die Daten mittels Diagrammtechnik visualisieren. Dass letztgenannte Vorgehensweise die geeignetere ist, versteht sich von selbst.

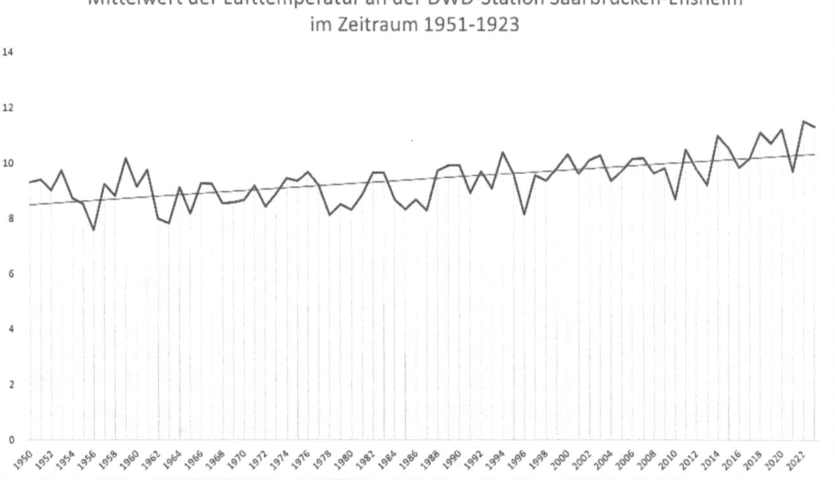

Abb. 10: Beispiel zur Datenexploration durch Visualisierung

Eine Unterstreichung des tatsächlich vorhandenen Anstiegs der Jahresmitteltemperaturen seit Beginn der Messungen erreichen wir zusätzlich durch eine Aufbereitung der Daten in dem wir die Abweichung der einzelnen Jahresmittelwerte von einem zu berechnenden Referenzwert (hier: Klimanormalperiode nach der

Weltorganisation für Meteorologie WMO Zeitraum 1961 – 1990) bestimmen und entsprechend im Plot darstellen (Abb. 11).

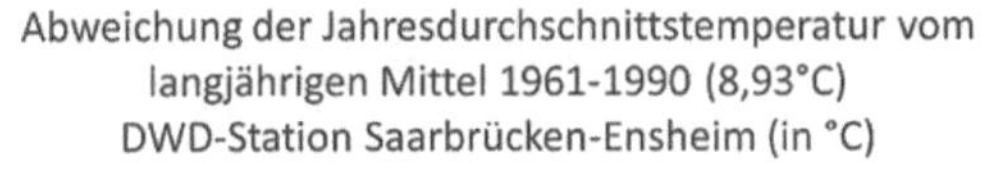

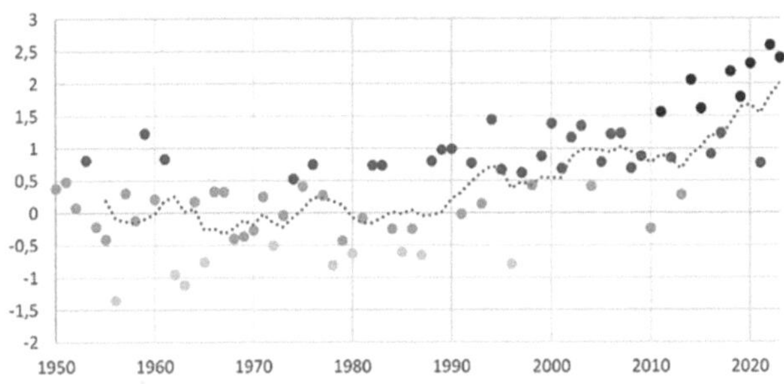

Abb. 11: Plot der Abweichungen vom langjährigen Mittel mit geglätteter Trendlinie

Weitere effektive und anschauliche Beispiele finden wir bei der Anwendung einfacher Diagramm-Techniken z.B. in der deskriptiven Statistik (e.g. Box- and Whisker Plots) oder auch im Data-Mining (z.B. Dendrogramme).

Demzufolge können wir festhalten, dass die Visualisierung im Sinne der Informatik die Transformation von Daten in ein sichtbares Bild zur Unterstützung der Exploration (Erkundung), der Kognition (Erkennen) und der Explanation (Erklärung) von Strukturen und Prozessen ist[7].

2.1 Qualität einer Visualisierung

> Eine Visualisierung ist dann gut, wenn die bildliche Darstellung das kommunikative Ziel erreicht hat, d.h. wenn der Informationstransport zum Betrachter gelungen ist.

Der Informationstransport zum Betrachter ist abhängig von:

- der **Charakteristik** der zugrundeliegenden Daten: z.B. Datentyp (skalare oder vektorielle Größen (Betrag und Richtung)), Dimension, Wertebereich (quantitativ oder qualitativ), Strukturierung (sequenziell, relational, hierarchisch, netzwerkartig), Wirkungskreis (punktuell, lokal oder global, Skalen-

[7] nach Schumann H. & W. Müller (2000): Visualisierung. Grundlagen und allgemeine Methoden. Springer Verlag Berlin Heidelberg

Niveau (nominal, ordinal, metrisch) etc. Detaillierte Informationen hierzu finden sich insbesondere auch bei [8]

- dem **Bearbeitungsziel**: z.B. Exploration, Kommunikation, Manipulation
- den Eigenschaften des **Darstellungsmediums**: z.B. High-End Rechner, Printmedium, Webseiten, Smartphone-App, Beamer-Präsentation
- den **Wahrnehmungskapazitäten** des Betrachters: z.B. Nutzergruppe (z.B. Kinder oder Silver Surfer, Expertengruppe, Vorbildung usw.), Bekanntheit von Konventionen und Metaphern.

Die Qualität einer Visualisierung kann durch zwei zentrale Eigenschaften bewertet werden:

Effektivität

- optimale Ausnutzung der visuellen Fähigkeiten und Vorlieben des Betrachters
- Berücksichtigen des Vorwissens des Betrachters
- Berücksichtigung der Möglichkeiten des Ausgabemediums (z. B. Anzahl darstellbarer Farben, Rechenleistung)
- Berücksichtigung des Anwendungskontextes wie z.B. übliche Metaphern, Konventionen des Anwendungsgebietes, existierende Standards

Expressivität (Ausdrucksfähigkeit)

- Unverfälschte Wiedergabe der darzustellenden Daten
- Unterstützung der intuitiven Wahrnehmung
- Problembezogene Wahl der Visualisierungs-Methode (ungeeignete Methode der Visualisierung kann zu falschen Schlüssen führen)

Abb. 12: Effektive und ausdruckstarke Grafik, die ihr kommunikatives Ziel direkt erreicht

[8] Ward M., G. Grinstein & D. Keim (2010): Interactive Data Visualisation. Foundations, Techniques, and Applications. A K Peters, Natik

2.2 Wahrnehmungskapazitäten des Menschen

Die Sinneswahrnehmung des Menschen (Sehen, Hören, Riechen, Schmecken, Haptik) gilt allgemein als das Tor zur Welt. Dabei haben die menschlichen Sinne unterschiedliche Aufnahmekapazitäten. So werden über den Gesichtssinn pro Sekunde etwa 10 Mio. Sh[9], über den Tastsinn etwa 1 Mio. Sh, über den Gehör- und den Geruchsinn ca. 100.000 Sh, und über den Geschmacksinn etwa 1.000 Sh aufgenommen.

Die herausragende Bedeutung der visuellen Wahrnehmung beim Menschen hat somit selbstverständlich eine große Relevanz für die Datenvisualisierung:

- sie ist die wichtigste Wahrnehmungstechnik des Menschen (meist unbewusst und intuitiv)
- das Einbeziehen des menschlichen Sehvermögens bietet eine wesentliche Hilfe beim Erkunden und Verstehen räumlicher Strukturen und Prozesse
- die Analyse und Interpretation von Zusammenhängen und Veränderungen, Modellierung und Entscheidungsfindung werden wirkungsvoll unterstützt: „Ein Bild sagt mehr als tausend Worte..."
- sie erlaubt die Verwendung von Metaphern (Sinnbilder, sprachliche Bilder), um reale Objekte oder abstrakte Begriffe intuitiv verstehbar darzustellen.

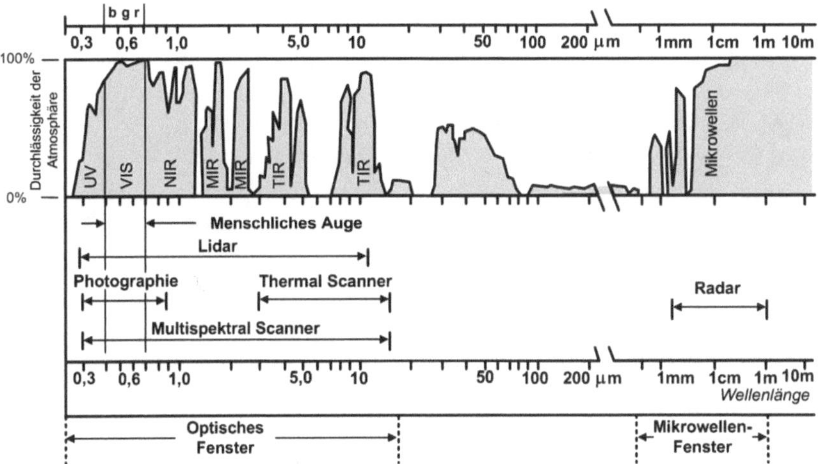

Abb. 13: Elektromagnetisches Spektrum und visuelle Adaption[10]

[9] Shannon (Sh) ist die nach dem amerikanischen Mathematiker und Begründer der Informationstheorie Claude Elwood Shannon benannte Einheit für den Informationsgehalt einer Nachricht

[10] aus Udelhoven et al. (2021): Fernerkundung – Grundlagen, Systeme, Anwendungen.- in: Fischer-Stabel, P. (2021): Umweltinformationssysteme. Grundlagen einer angewandten Geoinformatik. Wichmann / VDE Verlag, Berlin und Offenbach

Die visuelle Wahrnehmung beim Menschen besteht dabei aus (mindestens) drei Komponenten: dem elektromagnetischen Spektrum der eintreffenden Strahlung, den Wahrnehmungsmöglichkeiten des menschlichen Auges sowie der Verarbeitungskomponenten im Gehirn

Vorstehende Grafik zeigt den für das menschliche Auge sichtbaren und eng begrenzten Ausschnitt des elektromagnetischen Spektrums (VIS). Mithilfe geeigneter technischer Verfahren und Sensorik (z.B. Ultraschall, Radar) kann zwischenzeitlich jedoch das gesamte Spektrum zur Informationsgewinnung verwendet werden (vgl. auch Kapitel bildgebende Verfahren).

Die Augen enthalten neben Pupille, Hornhaut, Linse und Retina auch die visuellen Rezeptoren, die sogenannten Stäbchen und Zapfen, welche die lichtempfindlichen Substanzen enthalten und sich gegenseitig ergänzen.

- **Skotopisches System**: 100-120 Mio. Stäbchen, Hell-dunkel-Empfindung, Dämmerungs- bzw. skotopisches Sehen; einziges Empfindlichkeitsmaximum bei 498 nm (grün); nehmen zum Augenrand hin zu, Bewegungserkennung (Helligkeitsänderung); fehlendes Farbempfinden; geringes Auflösungsvermögen, hohe Empfindlichkeit
- **Photopisches System**: 7-8 Mio. Zäpfchen, 3 Typen mit Empfindlichkeitspeaks bei 420 nm (blau), 534 nm (grün), 564 nm (rot); nehmen zum Augenzentrum (Foeva) hin zu; Basis für das Tagessehen (photopisches Sehen); hohes räumliches und zeitliches Auflösungsvermögen, Farbentüchtigkeit, unempfindlich.

Durch Kombination und Integration der verschiedenen Informationen von Stäbchen und Zäpfchen können örtliche Details sowie Farb- und Helligkeitsunterschiede erkannt werden.

Gegenüber den diesbezüglichen Fähigkeiten des menschlichen Auges finden wir in der Tierwelt viele Taxa, bei denen der sichtbare bzw. wahrnehmbare Bereich des elektromagnetischen Spektrums im Vergleich zu dem des Menschen verschoben bzw. erweitert ist. So können bspw. Bienen und Ameisen oder auch die Blaumeise UV-Licht wahrnehmen. Eine Übersicht zur Farbwahrnehmung bei Tieren findet sich unter anderem bei [11].

Textur-, Figur- und Form-, aber auch Tiefenwahrnehmung sind weitere Prozesse, die auf dem Gebiet der visuellen Gestaltung von Bedeutung sind. Insbesondere die Konfrontation des Gehirns mit atypischen Sehsituationen kann dabei verblüffende Effekte liefern (z.B. optische Täuschungen, Illusionen).

So zeigt nachfolgende Abbildung eine Geländeoberfläche, welche aus unterschiedlichen Positionen, jedoch mit gleichem vertikalen Einstrahlwinkel (45°) beleuchtet wurde. Während das Bild links (Position der Lichtquelle im Süden) eine

---

[11] https://wisotop.de/Farbsehen-Tiere.php

realistische Wahrnehmung der Hügel und Täler ermöglicht, erscheint die Höhenwahrnehmung im rechten Bild (Position der Lichtquelle im Norden) geradezu vertauscht.

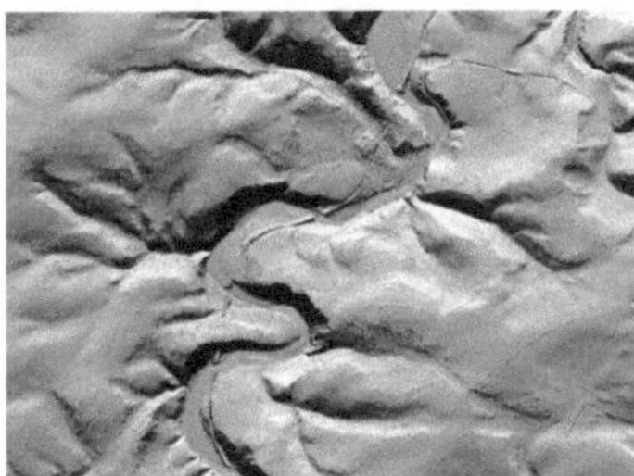

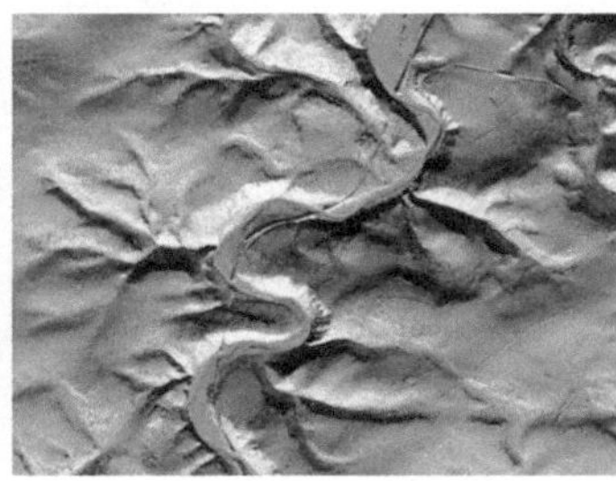

Abb. 14: Form- und Tiefenwahrnehmung bei unterschiedlicher Beleuchtung (linke Karte: Azimut: 0°, vertikaler Winkel:40°; rechte Karte: Azimut: 180°, vertikaler Winkel: 40°)

Weitere Begriffe mit Bezug zu den Wahrnehmungskapazitäten des Menschen:

- Sehschärfe: beschreibt den Detailgrad in der Erkennung örtlicher Strukturen
- Gesichtsfeld: horizontal 180-190 Grad, am Rande nur empfindlich auf Bewegung und schwarzweiß, das allerdings sehr stark (evolutiv begründet wg. Beute, Gefahr etc.); vertikal 120-150 Grad, Konzentration auf Augenhöhe, in den Randbereichen empfindlich auf Bewegungen; scharf abgebildeter Blickwinkel, jedoch lediglich 1,5-2 Grad, je nach Training und Aufgabe auch weniger (z.B. Lesen, Bildschirmarbeit)
- Farbe: Sammelbegriff für Farbstoff und Farberscheinungen
- Farbmetrik: durch das Auge ermittelter Sinneseindruck; subjektiv
- Farbreiz: Sinneseindruck, durch elektromagnetische Strahlung ausgelöst; messbar
- bunte (chromatische) Farben: Kennzeichen Farbton, Sättigung, Helligkeit
- achromatische Farben (unbunt): Kennzeichen: Helligkeit

Die Farbwahrnehmung ist abhängig von der Größe der Farbfläche (größere Bereiche auf der Netzhaut werden abgedeckt) sowie von der Umgebung bzw. dem Kontext. Hierdurch werden grafische Mindestgrößen definiert, die zu einer Informationsübertragung nicht unterschritten werden sollten.

2.2.1 Visuelle Wahrnehmung und grafische Mindestgrößen

Zur Erhaltung der Lesbarkeit müssen unter Normalbedingungen Mindestgrößen bei grafischen Elementen eingehalten werden, da die menschliche Sehkraft, wie beschrieben, begrenzt ist (auch altersabhängig!).

Insbesondere in der Kartografie, in deren Anwendungsfeld eine Vielzahl von Gestaltungselementen (z.B. Signaturen, Schriften, Linien, Punkte) gleichzeitig verwendet werden, wurde bereits früh die Bedeutung der Minimalgrößen von und Mindestabständen zu grafischen Elementen zum Erhalt der Lesbarkeit von Kartenwerken diskutiert.[12]

Prinzipiell gilt: Bei reinen schwarz-weiß-Darstellungen und ausreichenden Kontrasten sind geringere Mindestgrößen zulässig als bei bunten, wenig kontrastreichen Grafiken. Für Web-Präsentationen existieren dabei aktuell immer noch deutlich höhere Anforderungen an die Mindestgrößen. Das Forschungs- und Arbeitsfeld der **Typographie** beschäftigt sich im Schwerpunkt mit der Gestaltung und Lesbarkeit von Texten und grafischen Elementen und liefert tiefergehende Einblicke in die Thematik. Weiterführende Informationen finden sich unter anderem im Web[13].

Bei vorausgesetztem gutem Kontrast zwischen grafischem Element und Hintergrund können bei einem Leseabstand von ca. 30 cm folgende Mindestgrößen noch erkannt werden:

- feinste schwarze Linien von 0,04 mm Strichdicke,
- 50 Linien von 0,02 oder 0,04 mm pro cm,
- isolierte Punkte von ca. 0,1 mm Durchmesser,
- Zwischenräume von ca. 0,15 mm,
- Abstände von 0,07 mm

Für die Betrachtung aus größerer Distanz erhöhen sich die Werte proportional. Diese Werte gelten nur für schwarze Vollfarbe, für alle helleren Druckfarben müssen die Elemente größer und die Abstände weiter sein. Zudem kann das Auflösungsvermögen von Person zu Person stark variieren.

Falls wir nicht im Grenzbereich der visuellen Wahrnehmung arbeiten müssen, können wir uns auch an folgenden Größenordnungen orientieren:

- Punkt: bei Druckerzeugnissen und kontrastreicher Darstellung ist die Mindestgröße 0,25 mm, bei kontrastarmer Darstellung 0,45 mm (Web-Karten: Empfehlung = 1 mm)
- Flächen: Empfehlung von 0,09 mm^2 bei kontrastreicher Darstellung (Druckerzeugnis), bei Web-Anwendungen 4 mm^2.

Für die Wahl der Schriftgröße sollten folgende Regeln beachtet werden:

- Stets die Anforderungen zur Barrierefreiheit berücksichtigen (vgl. nachfolgendes Kapitel), d.h. ein optimales Maß an Lesbarkeit für alle Nutzergruppen (z.B. Silver Surfer) gewährleisten

---

12 Hake G., Grünreich D. & Meng L. (2002): Kartographie: Visualisierung raum-zeitlicher Informationen (8. Auflage). De Gruyter Verlag, Berlin

13 https://lehrerfortbildung-bw.de/st_digital/medienkompetenz/gestaltung-typografie/index.html

- Schriftgröße immer auf die Zielgruppe abstimmen
- Ebenso je nach Medium (z.B. Print- oder Onlinemedium) die adäquate Schriftgröße wählen.

2.2.2 Barrierefreiheit

Laut statistischem Bundesamt leben in Deutschland rund 7,8 Millionen Menschen mit einer Schwerbehinderung (Stand 31.12.2021)[14]. Nicht jeder Behinderte ist dabei auf z.B. barrierefrei gestaltete Internetseiten angewiesen. Aber auch vollkommen gesunde Menschen können eingeschränkt sein – beispielsweise durch eine zwischenzeitlich veraltete Hardwareausstattung (z.B. Web-Content via Smartphones) oder mangels erforderlicher Netzbandbreite. Barrierefrei gestaltete Web-Auftritte sind somit für eine Vielzahl von potenziellen Benutzern wichtig, zumal hier zudem viele Informationen in Form von Grafiken bzw. sonstigen Visualisierungsprodukten kommuniziert werden.

Die ersten Richtlinien für ein barrierefreies Internet wurden bereits 1999 in den USA veröffentlicht und 2002 im Rahmen der Barrierefreien Informationstechnik-Verordnung (BITV[15]) auch in Deutschland eingeführt.

> Definition: **Barrierefreiheit** bedeutet, dass Gegenstände, Medien und Einrichtungen so gestaltet werden, dass sie von jedem Menschen unabhängig von einer eventuell vorhandenen Behinderung uneingeschränkt benutzt werden können.

Es existieren unterschiedliche Arten relevanter Einschränkungen sowie entsprechende Lösungskonzepte:

- Sehbehinderungen: Lösungskonzept: Texte können z.B. ausgelesen werden, ggf. Probleme bei Grafiken)
- Farbenfehlsichtigkeit: Lösungskonzept: z.B. Style-Switcher (Benutzer kann aus verschiedenen Text- und Hintergrundfarben wählen)
- Kognitive Einschränkungen wie unterdurchschnittliche Lernfähigkeit, Aufmerksamkeitsmangel, geringe Merkfähigkeit: Lösungskonzept: z.B. klare Strukturen auf Webseiten, Vermeidung komplexer Texte
- Menschen mit Sprachproblemen (bspw. Fremdsprache oder bildungsferne Nutzer): Lösungskonzept: z.B. Vermeidung komplexer Texte, Verwendung anschaulicher Grafiken

---

[14] https://www.destatis.de/DE/Themen/Gesellschaft-Umwelt/Gesundheit/Behinderte-Menschen/_inhalt.html

[15] https://www.gesetze-im-internet.de/bitv_2_0/BJNR184300011.html

- Photosensible Epilepsie: (bei nicht barrierefreien Interfaces schlimmstenfalls mit gesundheitlichen Folgen für den Betrachter[16], z.B. durch intermittierende rote Lichter oder bestimmte geometrische Muster); Lösungskonzept: keine Verwendung entsprechender Gestaltungselemente, Animationen und sonstiger Techniken mit entsprechend nachgewiesenen Effekten
- Alterserscheinungen (Silver Surfer): Leiden häufig unter verschiedenen der genannten Einschränkungen (nachlassende Sehkraft, Hörvermögen, Feinmotorik, Konzentrationsfähigkeit), zusätzlich oft kognitive Einschränkungen im Umgang mit Computern; Lösungskonzept: z.B. eindeutige und leicht verständliche Struktur sowie einfache Navigation nötig
- Veraltete EDV-Ausstattung wie z.B. geringe Bandbreite beim Internetzugang, veraltete Software, Fehlen neuer Technologien, veraltete Monitore geringer Auflösung etc.; Lösungskonzept: z.B. Vermeidung von High-End-Lösungen für Standardnutzer.

Unabhängig vom darstellenden Medium sollte bei einer Visualisierung deshalb immer auch die Nutzergruppe bzw. deren mögliche Wahrnehmungseinschränkungen analysiert und ggf. berücksichtigt werden. Insbesondere hinsichtlich der Farbwahl ist zu berücksichtigen, dass diese nicht von allen Menschen als gleich empfunden wird (z.B. Fehlfarbsichtigkeit). Da ca. 8,5% der Menschen in Deutschland an Farbenfehlsichtigkeiten[17] leiden, zeigt dies, insbesondere auch bei der Umrechnung in absolute Zahlen, dass hier keine zu vernachlässigende Nutzergruppe betroffen ist und Barrierefreiheit einen hohen Stellenwert besitzt.

Dabei tritt Farbfehlsichtigkeit häufig bei einem kleinen Gesichtsfeld auf (echte Farbenblindheit ist sehr selten). Insbesondere bei der Bildschirmarbeit, bei der nur eine eingeschränkte Verwendung des Gesichtsfeldes stattfindet, stellt sich dieses Problem deshalb oft. Der Verzicht auf Farbanwendungen oder die Wahl passender Farbkombinationen kann hier ein Lösungsweg zum Erreichen einer barrierefreien Anwendung sein.

2.3 Der Visualisierungsprozess

Der Visualisierungsprozess setzt sich in Anlehnung an[18] im Wesentlichen aus den nachfolgend skizzierten Phasen, von der Erfassung der Rohdaten bis hin zur eigentlichen Bilderzeugung, zusammen.

Die Beschreibung der einzelnen Phasen wollen wir nachfolgend – neben einer allgemeinen Betrachtung – auch konkret am Beispiel der Erstellung eines Klimadiagramms verdeutlichen.

---

[16] https://www.spektrum.de/magazin/wenn-bilder-epileptische-anfaelle-ausloesen/1557090

[17] https://gesund.bund.de/farbenblindheit#haeufigkeit

[18] Schumann H. & W. Müller (2000): Visualisierung. Grundlagen und allgemeine Methoden. Springer Verlag Berlin Heidelberg

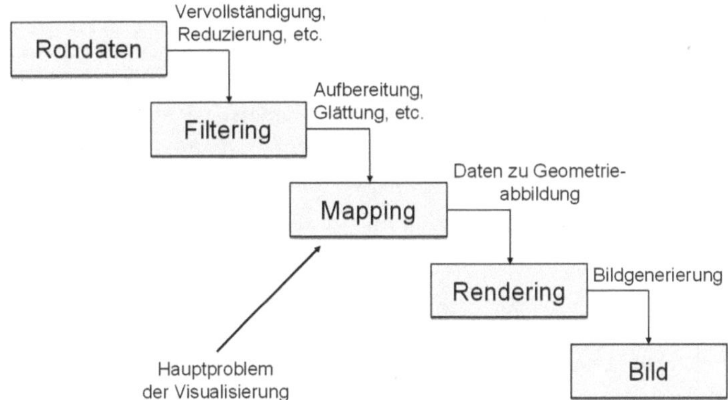

Abb. 15: Die Visualisierungspipeline

Allgemeine Betrachtung der einzelnen Phasen:

- **Rohdaten**: Sichtung und Beschaffung bzw. Erzeugung der Datenbasis, aus deren Inhalt eine Visualisierung abgeleitet werden soll. Dies können u.a. Messwerte, Bilddateien, geometrische Objekte, statistische Kennzahlen etc. sein.
- **Datenaufbereitung**: Hierzu gehören im weitesten Sinne alle Daten-zu-Daten-Abbildungen, wie z.B. das Vervollständigen der Datenreihen, Formatkonvertierungen, Bereinigen von Messwerten, Interpolationen, Filtern und Schwellwertoperationen, Berechnung charakteristischer Merkmale, Klassifizierung, Clustering etc.
- **Mapping**: Das anschließende Mapping stellt das Hauptproblem bei der Visualisierung dar. Hierbei muss eine geeignete Abbildung des Informationsgehaltes der Daten auf Geometrie und weitere visuelle Attribute (Position, Größe, Helligkeitswert, Textur, Farbe, Orientierung, Form) durchgeführt werden. Über diese visuellen Attribute können sowohl Qualitäten als auch Quantitäten codiert werden.
- **Rendering**: Bei der abschließenden Bilderzeugung wird aus den aufbereiteten Daten schließlich ein Bild generiert. Hier können wir unterschiedliche Arten von Bildern erzeugen: realitätsnahe Bilder, abstrahierende Bilder, „mentale“ Bilder, Animationen etc.

Anwendungsbeispiel: Erstellung eines Klimadiagramms

Ein Klimadiagramm ist eine grafische Darstellungsform der klimatischen Verhältnisse an einem bestimmten Ort im Jahresverlauf. Beim häufig verwendeten Typ nach Heinrich Walter und Helmut Lieth[19] werden traditionell die

---

[19] https://de.wikipedia.org/wiki/Klimadiagramm#Walter/Lieth-Klimadiagramm_(hygrothermisch)

durchschnittlichen (langfristigen) Monatstemperaturen (T) dem langfristigen Mittelwert der monatlichen Gesamtniederschläge (N) im Jahresverlauf gegenübergestellt (= hygrothermisch). Die Darstellung der Werte wird für die Temperatur durch eine rote Kurve und für die Niederschläge entweder mittels einer blauen Säule oder einer blauen Kurve vorgenommen. T wird in °C angegeben und N in Millimeter mm (entspricht Liter pro Quadratmeter).

Die Maßstäbe für die Einheiten von T und N stehen im Verhältnis 1:2 (d.h. 10°C sind auf derselben Höhe der y-Achse verzeichnet wie 20 mm N).

[Der Vollständigkeit halber sei zum Klimadiagramm noch erwähnt, dass ab 100 mm Niederschlag N in der Regel so dargestellt wird, dass die Skala in diesem oberen Bereich auf ein Fünftel der Höhe abgeflacht wird (ein Schritt auf der y-Achse entspricht dann 100 mm N statt vorher 20 mm N; dies ist für unser Beispiel aufgrund der geringeren Monatsniederschläge aber nicht relevant)].

Rohdaten: Um ein Klima charakterisieren zu können, benötigen wir meteorologische Messreihen einer Region, die mehr als drei Dekaden überspannen. In unserem Fall bedienen wir uns der Messreihen des Deutschen Wetterdienstes (DWD), der über sein Climate Data Centre einen freien Zugang zu vielen Klimadaten ermöglicht hat.[20] Die Messreihen wurden nach einer Messstation vorselektiert (Saarbrücken-Ensheim) und über den gesamten bisherigen Messzeitraum (1.1.1951–31.1.2023) als CSV-Datei (CSV = character separated values) exportiert (26.663 Datensätze).

Datenaufbereitung: Neben der Eingrenzung der auszuwertenden und darzustellenden Daten auf den gewünschten Zeitraum (1.1.1951–31.12.2023) müssen in dieser Phase sowohl die mittleren Monatstemperaturen als auch die monatlichen Niederschläge berechnet werden. Dies kann z.B. unter Verwendung eines Statistikpaketes, einer Tabellenkalkulations-Software oder auch mittels eigener Auswerteroutinen erfolgen.

Mapping: Da die Visualisierung von Klimadaten über Klimadiagramme nach Heinrich Walter und Helmut Lieth weitestgehend standardisiert ist, brauchen wir uns hier lediglich an den Vorgaben zu orientieren. Die Temperaturangaben visualisieren wir in Form eines Verlaufsdiagramms, die Niederschläge als Säulendiagramm mit absoluten Niederschlagshöhen pro Monat. Die Skalierung der Achsen erfolgt wie oben beschrieben.

Rendering: Die Erzeugung des finalen Diagramm-Bildes übernimmt das eingesetzte Grafikpaket. Das Ergebnis unseres Beispiels ist in nachstehender Abbildung zu finden.

---

[20] https://www.dwd.de/DE/leistungen/_functions/Suche/Suche_Formular.html?nn=452720

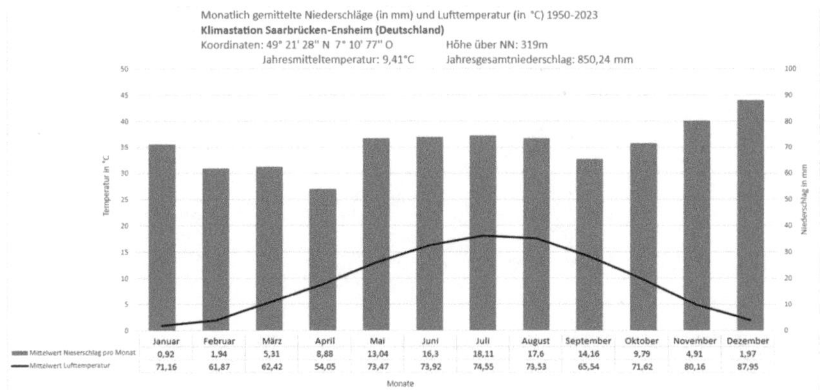

	Januar	Februar	März	April	Mai	Juni	Juli	August	September	Oktober	November	Dezember
Mittelwert Nieserschlag pro Monat	0,92	1,94	5,31	8,88	13,04	16,3	18,11	17,6	14,16	9,79	4,91	1,97
Mittelwert Lufttemperatur	71,16	61,87	62,42	54,05	73,47	73,92	74,55	73,53	65,54	71,62	80,16	87,95

Abb. 16: Klimadiagramm für Saarbrücken nach Walter & Lieth (Datengrundlage: Deutscher Wetterdienst)

2.4 Datenorganisation

Die Tabellenstruktur von Spreadsheet-Programmen ist in idealer Weise prädestiniert, wissenschaftliche Daten zu verwalten, zu Organisieren und auch zu analysieren (siehe auch Phase 1 + 2 der Visualisierungspipeline) und nimmt deshalb eine herausragende Stelle im Werkzeugkasten des wissenschaftlichen Arbeitens ein. Leider sind diese Tabellenkalkulationsprogramme aber auch dafür bekannt, dass sich bei der Arbeit mit selbigen auch leicht Fehler in die Datenbasis einschleichen, welche ggf. nicht entdeckt und deshalb auch zu Problemen bei nachgelagerten Analysen führen können. Bekannte Beispiele hierfür sind das Abspeichern von Datumsangaben, das automatisierte Einfügen von Zellen und die damit evtl. einhergehenden Probleme mit Bezug zu relativer/absoluter Adressierung usw.

Auf den nächsten Seiten finden Sie ein paar hilfreiche Empfehlungen zur Organisation von Tabellendaten, welche neben anderen positiven Effekten wie Übersichtlichkeit, Wiederverwendung, und Reproduzierbarkeit auch die Qualität des Datenbestandes durch eine Vermeidung von Eingabe- und Übertragungsfehlern verbessert.

	A	B	C	D	E	F	G	H	I	J	K	L	M	N
1							Monate							
2		1	2	3	4	5	6	7	8	9	10	11	12	Verbr.
3	01.01.2023	9,4	8,2	9,2	-999	9,1	6,2	4,3	4,8	7,2	8,7	11,6	13,3	wenig
4	01.01.2019	11,6	8,1	10,4	10,1	4,8	5,1	4,7	4,5	5,2	3,9	9,2	10,4	gering
5	01.01.2004	19,1	16,4	14,4	12,2	10,6	11,6	12,3	8,1	15,5	13,4	17,7	20,1	mittel
6	01.01.2005	19,7	19,7	17,7	14,1	14,1	10	12,5	10,3	12,7	13,2	18,4	19,4	mittel
7	2006-01-01	20,6	18,8	18,1	14,7	12,9	11,5	9,9	9,4	12,4	15,5	15,6	17,4	m.
8	01.01.2007	18,9	15,5	17,2	15,4	13,7	11,4	9,7	11	15,2	13,8	17,4	18,8	mittel
9	01.01.2015	13,8	14,4	12,8	11,2	10	7,6	6,6	6,3	7	10,5	12,8	14,8	m.
10	01.01.2008	19,6	16,5	16,9	14	10,7	11	11	12,1	12,9	13,7	20,5	21,7	mittel
11	01.01.2009	22,6	20	20,5	12,7	15,2	11,6	10,9	11,2	14,8	16,3	19,7	22,7	hoch
12	1. Jan. 10	23,6	18,8	19,9	15,4	18,6	13,2	9	11,3	15,4	17,1	18,3	37,3	hoch
13	01.01.2011	21,1	23,5	21,4	14	14,9	13,9	8,2	15,1	16,5	18,3	28,7	34,6	hoch
14	1. Januar 2012	32,5	31,8	29,2	21,1	17,9	15,3	10	12,5	16,1	15,5	27	26,1	hoch
15	01.01.2013	22,8	26,4	22,2	20	21,4	14,3	10,3	8,6	11,4	11,4	15	18,9	hoch
16	01.01.2014	17,7	14,3	13,3	14	11,5	8,5	9,2	8	12,5	13,5	13,6	20,3	mittel
17	01.01.2016	13,6	13,9	12,9	9,3	8,1	7,4		7,2	10	9,3	13	16,1	mittel
18	01.01.2017	14,3	11	10,5	10,8	8,6	8,4	8,3	7,8	8,2	5,3	7,5	10,5	mittel
19	01.01.2018	8,5	9,4	7,3	4,6	4,7	4,8	4,9	4,4	5	5,9	7,6	11,3	gering
20	01.01.2020	13,4	10,2	11,3	12,6	8,7	7,7	5,9	6,1	6,7	8,5	11,2	13,8	mittel
21	01.01.2021	12,1	9,3	13,2	7,9	7,7	7,1	6,1	5,5	5,8	10,5	-999	12,7	mittel
22	2022-01-01	11,8	11,1	11,1	10	6,8	8,8	5,6	3,9	6,9	9,2	9,9	14,2	gering

Tabelle1 Tabelle2 Tabelle3

Abb. 17: Beispieltabelle, wie die Datenhaltung nicht gemacht werden sollte: nicht-chronologische Anordnung der Datensätze, unterschiedliche Datumsformate, ungeeignete Wahl der Spaltenbeschriftungen, ungeeignete Behandlung fehlender Werte, Verwendung uneinheitlich Codes, Verwendung überflüssiger Leerzeichen.

Seien Sie konsistent im Datenerfassungsprozess

In Anlehnung an Brooman & Woo (2018)[21] lautet die erste Empfehlung: Seien Sie konsistent bei der Eingabe ihrer Datensätze. Die Verwendung von einheitlichen Codes / Bezeichnungen für Variablen oder Parameter (z.B. Monatsnamen „Januar") sollte dabei ebenso selbstverständlich sein wie die Verwendung selbsterklärender Dateibezeichnungen (z.B. „Energieverbrauch_Einfamilienhaushalt_2004-2023") sowie einer einheitlichen Codierung für fehlende Werte. Da wir beabsichtigen, jede Zelle der relevanten Zeilen / Spalten auszufüllen kann man so leicht zwischen tatsächlich fehlenden (z.B. „NA") und unabsichtlich (z.B. Eingabefehler) fehlenden Werten unterscheiden. Numerische Werte wie z.B. -99999 sollten vermieden werden, da diese insbesondere bei z.B. Messwerten leicht als erstere übersehen werden können. Falls Ihre Daten in mehreren Dateien bzw. Tabellen verteilt vorliegen, erleichtern Ihnen einheitlich verwendete Layouts den Zugang zu Ihren Datenbeständen.

Um eine spätere Sortierung, Suche oder Re-Organisation des Datenbestands nicht zu erschweren, sollte die Verwendung eines einheitlichen Datums- und Zeitformats ebenso selbstverständlich sein wie die Vermeidung von Leerzeichen bei textuellen Merkmalsbeschreibungen (z.B. „Schneefall" und „Schnee-fall" unterscheiden sich durchaus).

[21] Bromann K.-W. & Kara H. Woo (2018): Data Organization in Spreadsheets. - The American Statistician, 72:1, 2-10, DOI: 10.1080/00031305.2017.1375989

- **Vermeidung von Fehlern bei Eingabe, Konvertierung und Übertragung von Daten**

  Da Spreadsheet-Programme wie z.B. MS-Excel oft über eine dynamische implizite Anpassung der Datentypen in Abhängigkeit von der Wertezuweisung verfügen, passiert es nicht selten, dass je nach Datenausprägung auch unerwünschte automatisierte Typkonvertierungen stattfinden. Um dies auszuschließen können wir Zellenbereichen explizit Datentypen zuweisen sowie durch die Verwendung von „elementaren“ Datentypen wie z.B. Text, Integer- oder Real-Zahlen zudem bei einem systemübergreifenden Datenaustausch unliebsame Überraschungen vermeiden.

  Zur Vermeidung von Eingabefehlern können z.B. in Excel mit der Funktion „Datenüberprüfung“ unterstützend auch Wertebereiche und Auswahllisten definiert werden.

	A	B	C	D	E	F	G	H	I	J	K	L	M	N
1	Jahr	Januar	Februar	März	April	Mai	Juni	Juli	August	September	Oktober	November	Dezember	Verbrauch
2	2004	19,1	16,4	14,4	12,2	10,6	11,6	12,3	8,1	15,5	13,4	17,7	20,1	mittel
3	2005	19,7	19,7	17,7	14,1	14,1	10	12,5	10,3	12,7	13,2	18,4	19,4	mittel
4	2006	20,6	18,8	18,1	14,7	12,9	11,5	9,9	9,4	12,4	15,5	15,6	17,4	mittel
5	2007	18,9	15,5	17,2	15,4	13,7	11,4	9,7	11	15,2	13,8	17,4	18,8	mittel
6	2008	19,6	16,5	16,9	14	10,7	11	11	12,1	12,9	13,7	20,5	21,7	mittel
7	2009	22,6	20	20,5	12,7	15,2	11,6	10,9	11,2	14,8	16,3	19,7	22,7	hoch
8	2010	23,6	18,8	19,9	15,4	18,6	13,2	9	11,3	15,4	17,1	18,3	37,3	hoch
9	2011	21,1	23,5	21,4	14	14,9	13,9	8,2	15,1	16,5	18,3	28,7	34,6	hoch
10	2012	32,5	31,8	29,2	21,1	17,9	15,3	10	12,5	16,1	15,5	27	26,1	hoch
11	2013	22,8	26,4	22,2	20	21,4	14,3	10,3	8,6	11,4	11,4	15	18,9	hoch
12	2014	17,7	14,3	13,3	14	11,5	8,5	9,2	8	12,5	13,5	13,6	20,3	mittel
13	2015	13,8	14,4	12,8	11,2	10	7,6	6,6	6,3	7	10,5	12,8	14,8	mittel
14	2016	13,6	13,9	12,9	9,3	8,1	7,4	NA	7,2	10	9,3	13	16,1	mittel
15	2017	14,3	11	10,5	10,8	8,6	8,4	8,3	7,8	8,2	5,3	7,5	10,5	mittel
16	2018	8,5	9,4	7,3	4,6	4,7	4,8	4,9	4,4	5	5,9	7,6	11,3	gering
17	2019	11,6	8,1	10,4	10,1	4,8	5,1	4,7	4,5	5,2	3,9	9,2	10,4	gering
18	2020	13,4	10,2	11,3	12,6	8,7	7,7	5,9	6,1	6,7	8,5	11,2	13,8	mittel
19	2021	12,1	9,3	13,2	7,9	7,7	7,1	6,1	5,5	5,8	10,5	NA	12,7	mittel
20	2022	11,8	11,1	11,1	10	6,8	8,8	5,6	3,9	6,9	9,2	9,9	14,2	gering
21	2023	9,4	8,2	9,2	NA	9,1	6,2	4,3	4,8	7,2	8,7	11,6	13,3	gering

Tabelle1 Tabelle2 Tabelle3

Abb. 18: Optimierte Tabelle aus obigem Beispiel

- **Eine Tabelle als einheitliches Layout verwenden**

  Das beste und nach Möglichkeit anzustrebende Layout für die Daten in einer Tabellenkalkulation ist – daher der Name – eine große Tabelle, bei der die Zeilen den Themen und die Spalten den Variablen entsprechen. Die erste Zeile sollte dabei die Namen der Variablen enthalten. Die Datenhaltung in einer großen Tabelle hat auch den Vorteil, dass ein Export des Datenbestands z.B. über eine CSV-Datei dann leichter realisierbar ist, als wenn wir viele verschiedene und z.T. verknüpfte Tabellen verwenden. Falls die Daten nicht über Tabellen vernünftig ablegbar sind, sollte über ein anderes Medium für die Datenorganisation, z.B. ein Datenbankmanagementsystem, nachgedacht werden.

- **Metadaten zum Datenbestand erfassen**

  Um den Datenbestand auch langfristig und für verschiedene Analysten nutzbar zu halten ist es ebenso zwingend erforderlich, die Metadaten zu den Datensätzen in einer geeigneten Art und Weise zu erfassen.

Solche beschreibenden Daten umfassen in der Regel den exakten Variablennamen, eine nähere Erläuterung zu Eigenschaften und Gewinnung der Variablenwerte, Maßeinheiten, erwarteter Wertebereich etc. Ebenso sollten Informationen zum Projekt, in dem der Datenbestand generiert wurde, Erwähnung finden. Sie können diese Informationen bspw. in einem einfachen ReadMe-File ablegen.

- **Keine Berechnungen und Visualisierungen im Originaldatenbestand**

Um den Datenbestand vor unbeabsichtigten Veränderungen zu schützen, sollte dieser schreibgeschützt in einem Backup sicher abgelegt werden. Berechnungen etc. können ohne Probleme mit Kopien des Originaldatenbestandes durchgeführt werden.

2.5 Hinweise zum Visualisierungsdesign

Das Erzeugen expressiver visueller Repräsentationen abstrakter Daten ist ein in hohem Maße kreativer und iterativer Prozess, der von vielen Faktoren beeinflusst wird.

Zur Abschätzung der Eignung des gewählten Visualisierungsverfahrens ist ein Blick auf das **Ziel** der Visualisierung, die Fähigkeiten und Vorlieben des **Anwenders** sowie der Anwendungsumgebung (z.B. Konventionen, Metaphern, Normen), aber auch auf die technische **Umgebung**, in der die Visualisierung präsentiert wird (z.B. Smartphone, Projektor, Printmedium) sehr hilfreich.

Neben allgemeinen Regeln ergeben sich aus dem jeweiligen Anwendungsfeld spezielle Anforderungen bzw. Erwartungen des Betrachters. Zwei wesentliche Grundprinzipien sollten jedoch immer beachtet werden:

- Beschränkung der Darstellung auf Information, die erforderlich ist bzw. die erwartet wird, sowie nur in der Genauigkeit, wie es zur Lösung der Aufgabe erforderlich ist.
- Vermeidung einer Überladung (Overfeaturing) der Grafik, um den gewünschten Informationstransport zum Betrachter nicht zu beeinträchtigen.

Das Zitat von Jacques Bertin (1967) „A Graphic is not drawn once and for all“[22] fasst in kompakter Weise das Grundproblem des Visualisierungsdesigns zusammen.

---

[22] Bertin, Jaques (1981): Graphics and graphic information-processing. De Gruyter, Berlin New York

2.6 Storytelling mit Daten

"Storytelling mit Daten", oder auf Englisch "Data Storytelling", ist ein Prozess, der Daten nutzt, um Geschichten zu erzählen. Ziel ist es, Daten auf eine Art und Weise darzustellen, die klar, ansprechend und überzeugend ist. Dieser Ansatz hilft dabei, komplexe Informationen zugänglicher und einprägsamer zu machen, sowohl in einer explorativen (z.B. via Dashboard) als auch in einer erklärenden und interpretativen Weise. Der Prozess umfasst jedoch weit mehr als nur die reine Visualisierung der Daten.

Wie zu Beginn dieser Publikation bereits erwähnt, ist der Umgang mit Daten eine Schlüsselkompetenz in unserem digitalen Zeitalter. Daten spielen nicht nur in der wissenschaftlichen Visualisierung eine zentrale Rolle, auch in Kommunikation und Marketing sind sie eine wichtige Quelle des Storytellings. „Dabei steckt die Story nicht in den Daten, sondern in unseren Köpfen. ... Daten gewinnen erst an Bedeutung durch den Kontext, in den wir sie stellen“[23].

Welche Bedeutung Daten bei der Wahrnehmung der realen Welt haben können, und wie, je nach Aufbereitung derselben, eine Vielzahl von Lesarten entstehen kann war insbesondere im Verlauf der Covid-Pandemie sehr gut zu beobachten: Neuinfektionen und Inzidenzen, geimpfte und genesene..., je nach Aufbereitung - sei es kartographisch, in Diagrammform oder als Infografik - wurden recht unterschiedliche Interpretationen dem Betrachter präsentiert. Letztere bedienten sich dabei häufig an der dem jeweiligen Gusto passenden Darstellung zur Untermauerung der eigenen Sicht auf die Dinge im privaten oder auch im öffentlichen Diskurs. Ähnlich verhält es sich mit der Diskussion um den Klimawandel, wo ebenfalls eine Vielzahl von Interpretationen auf Basis unterschiedlicher Datenpräsentationen existiert (vgl. hierzu auch Kapitel 8).

Schlüsselelemente des Daten-Storytellings sind:

- **Datenvisualisierung**, um Muster, Trends und Einsichten schnell zu erfassen.
- **Erzählstruktur**, um eine kohärente und fesselnde Geschichte zu erzählen.
- **Kontext**, da Daten für sich genommen oft nicht aussagekräftig sind.
- **Zielgruppenorientierung**, um die Geschichte auf das Publikum zuzuschneiden.
- **Botschaft** oder Aufruf zum Handeln, um eine spezifische Botschaft zu vermitteln oder das Publikum zu einer Aktion zu bewegen.

Durch die Verbindung von Datenanalyse mit Erzähltechniken ermöglicht Daten-Storytelling eine effektive Kommunikation komplexer Informationen und unterstützt Verständnis und Entscheidungsfindung.

[23] Eckard H.-W. (2021): Storytelling mit Daten - Erkenntnisse gewinnen, Strategie entwickeln und Unternehmenskommunikation auf ein neues Level heben.- Springer

Storytelling ist deshalb so effektiv, weil es laut Kahemann[24] („der Mensch als Muster-Sucher") tief in den Strukturen unseres Gehirns angelegt ist. Es basiert auf unserer Neigung, Entscheidungen emotional zu treffen, um sie anschließend rational zu begründen.

Da es viele Möglichkeiten gibt, Datenquellen zu erschließen, ist bei Beginn eines jeden Projekts die Definition einer präzisen Fragestellung wichtig. Erst auf dieser Basis ist es sinnvoll, eine eigene Strategie für das Story-Projekt zu entwickeln. Um aus Daten Geschichten zu entwickeln, sollten folgende Punkte vorab geklärt sein:

- Warum wir etwas erzählen.
- Welcher Zielgruppe wir es erzählen.
- Was wir erzählen.
- Wie wir erzählen (Vermittlungswege).

Die in Kapitel 2.3/2.5 bereits erwähnten Hinweise zur Visualisierungspipeline und zum Visualisierungsdesign spielen also auch beim Storytelling eine zentrale Rolle.

Infografiken wären in unserem Einsteiger-Kontext ein Mittel der Wahl des Storytellings mit Daten. Für eine erweiterte Betrachtung dieser Technik sei an dieser Stelle aber auf die weiterführende Literatur verwiesen.

2.7 Literatur

Schumann H. & W. Müller (2000): Visualisierung. Grundlagen und allgemeine Methoden. Springer Verlag Berlin Heidelberg

Goldstein, E. Bruce (2023): Wahrnehmungspsychologie. Der Grundkurs. 10. Auflage, Springer Berlin Heidelberg

Bertin, Jaques (1981): Graphics and graphic information-processing. De Gruyter, Berlin New York

Lankau Ralf (2007): Lehrbuch Mediengestaltung. Grundlagen der Kommunikation und Visualisierung. dpunkt.verlag Heidelberg.

Eckard H.-W. (2021): Storytelling mit Daten - Erkenntnisse gewinnen, Strategie entwickeln und Unternehmenskommunikation auf ein neues Level heben.- Springer

[24] Kahneman Daniel (2012) Thinking, fast and slow. - Penguin, London

3 Diagrammtechniken

Die Lernfragen zu diesem Kapitel finden Sie unter: https://narr.kwaest.io/s/1263

Lernziele

Nach der Durcharbeitung dieses Kapitels sollten Sie

- einen Überblick über die Vielfalt und Verschiedenheit verfügbarer Diagrammtypen besitzen,
- die Erkenntnis haben, dass nicht jeder Diagrammtyp in jedem Kontext einsetzbar ist, d.h. dass Voraussetzungen zum Einsatz bestimmter Diagrammtypen erforderlich sind,
- Ideen zum Design spezifischer Diagramme, Piktogramme oder auch Infografiken entwickeln können.

Definition: „Ein Diagramm (v. griech.: diagramma = geometrische Figur, Umriss) ist allgemein eine grafische Darstellung von Daten, Sachverhalten oder Informationen. Je nach der Zielsetzung des Diagramms werden höchst unterschiedliche Typen eingesetzt. Die Bandbreite von bildhaften Elementen bis zu rein abstrakten Gebilden ist dabei sehr groß."[25]

Betrachten wir die Diagrammtechniken genauer, so verlangt das Arbeitsfeld des Wissenschaftlers insbesondere die Erstellung von Business-Charts sowie Kompetenzen in der Visualisierung von zum Teil hochkomplexen Datensätzen.

Unabhängig von der Vielfalt der zur Verfügung stehenden Diagrammtechniken gilt für jede Visualisierung das Gebot der Lesbarkeit als oberste Maxime. Um diese zu gewährleisten, müssen Diagramme – neben dem darzustellenden Datenbereich – zumindest auch einen aussagekräftigen Titel, eine Legende sowie Achsenbeschriftungen enthalten.

---

[25] https://de.wikipedia.org/wiki/Diagramm

Es existieren eine hohe Vielfalt an verschiedenen Diagrammtypen, die in Abhängigkeit von den zugrundliegenden Daten (z.B. Punkt-, Linien-, Flächendaten, Dimensionalität etc.) und Fragestellungen gewählt werden können. Um den Rahmen der vorliegenden Publikation nicht zu sprengen, sind nachfolgend nur einige wenige Beispiele genannt, die auch mit Standardsoftwaresystemen wie z.B. Tabellenkalkulationssoftware oder Statistikpaketen realisiert werden können. Einen sehr guten und umfassenden Überblick zu verfügbaren Diagrammtechniken finden sie bei Harris[26].

3.1 Business-Charts

- **Verteilungsdiagramm**: Wenn Daten als Anteile eines Ganzen (= 100%) präsentiert werden, so wählt man den Typ Kreisdiagramm oder (gestapeltes) Säulendiagramm. Bei einem drohenden Verlust der Übersichtlichkeit ist alternativ auch ein Kreis-in-Kreis-Diagramm wählbar.

  Eine Alternative zum Kreisdiagramm bildet dabei das Ringdiagramm, das ähnlich aussieht und ebenso interpretiert wird. Mehrere Messreihen lassen sich dabei gleichzeitig darstellen, indem man Kreise umeinander legt. Eine einfache Lesbarkeit ist hierbei oftmals jedoch nicht gegeben.

- **Verlaufsdiagramm**: Ist eine Variable gegeben, die sich z.B. im Verlauf der Zeit kontinuierlich ändert (z.B. Temperatur, Windstärke, Energieproduktion), sind Verlaufsdiagramme die geeignete Wahl der Darstellung. Welcher Typ jeweils angewendet wird, hängt wiederum von der Art der Daten ab, die visualisiert werden sollen.

  Liegen Daten vor, die sich stetig verhalten (z.B. Temperatur), kann auch linear (Liniendiagramm) oder polynomial (interpoliertes Punktediagramm) interpoliert werden, ohne die Messreihe ad absurdum zu führen. Wenn es sich bei den Daten zusätzlich noch um eine Stoffmenge handelt (z.B. Wasser beim Wasserstand), stellen Flächendiagramme einen geeigneten Diagrammtypus dar.

  Bei Daten, die dazu neigen, große Sprünge aufzuweisen (z.B. Niederschlag im Verlauf), ist der Einsatz eines Punkte- oder Balkendiagramms angebracht. Sind hingegen Daten gegeben, die sich abhängig von zwei Variablen verändern, sind zweidimensionale Diagramme nicht mehr ausreichend. In diesem Fall ist das Oberflächendiagramm wählbar: Es präsentiert die Daten dreidimensional (zwei Verlaufsachsen und eine Ausprägungsachse).

- **Verteilung im Verlauf**: Oft sollen Verteilungen auch im Verlauf dargestellt werden. Geeignet hierfür ist z.B. das gestapelte Balkendiagramm, da innerhalb

---

[26] Harris, Robert L. (1999): Information Graphics. A Comprehensive Illustrated Reference. Oxford University Press, Oxford

der Balken die Verteilung dargestellt werden kann. Auch animierte Diagramme können die Verteilung im Verlauf sehr anschaulich darstellen.

- **Bereichsdiagramm**: Ein Bereichsdiagramm ist eine besondere Ausprägung des Flächendiagramms. Es zeigt eine Menge von Datenpunkten an, die jeweils durch mehrere Werte für dieselbe Kategorie definiert sind. Bereichsdiagramme werden häufig zur Darstellung von Daten verwendet, die Mindest- und Höchstwerte für jede Kategorie im Datenset enthalten.
- **Blasendiagramm (Bubble Plot)**: Ein Blasendiagramm ist eine Variation eines Punkt-(Scatter)-Diagramms, in dem die Datenpunkte durch Blasen ersetzt werden. Eine zusätzliche Dimension der Daten wird durch die Größe der Blasen dargestellt, eine weitere kann durch die Farbwahl oder Textur erreicht werden.

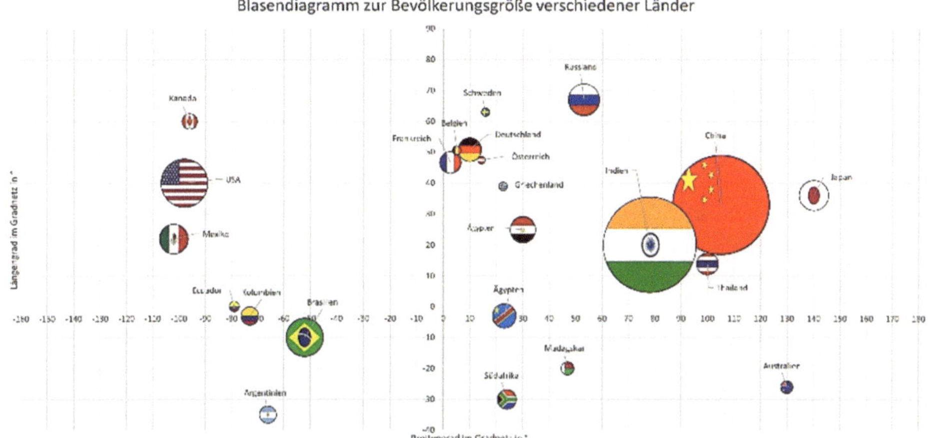

Abb. 19: Bevölkerungsgröße ausgewählter Länder, dargestellt mittels Blasendiagramm (Datengrundlage: https://www.naturalearthdata.com); als Achsensystem wurden geographische Gradangaben gewählt, sodass die Verteilung der Blasen auch räumlich der realen Situation entspricht

- **Netz-Diagramm**: In einem Netzdiagramm oder auch Sterndiagramm werden die Werte von mehreren, gleichwertigen Kategorien in einer Spinnennetzform dargestellt. Es besteht aus mehreren Achsen, wobei jede Achse verschiedene oder aber die gleiche Skala besitzen kann. Die Daten werden dabei auf die jeweilige Achse geplottet und meistens mit Linien verbunden, sodass sich charakteristische Polygone bilden.

  Diese Technik eignet sich z.B. zur Visualisierung einer Parameterausprägung bei unterschiedlichen Messreihen (z.B. jahreszeitliche Verteilung von Niederschlägen verschiedener Regionen), aber auch zur Darstellung von Richtungsinformation (z.B. Windrichtungen an verschiedenen Standorten).

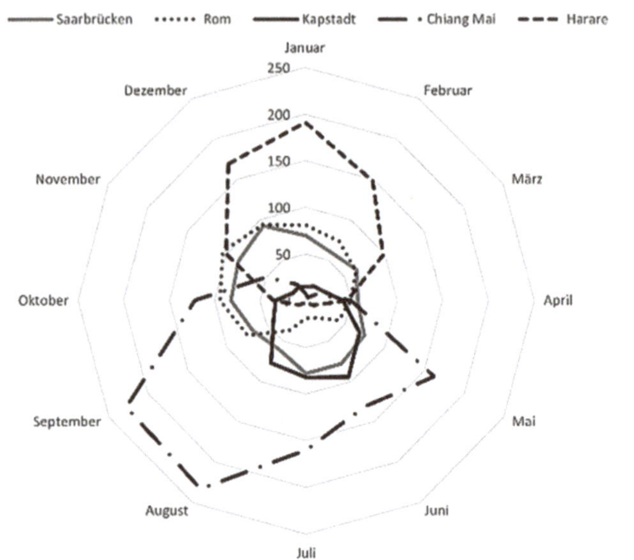

Abb. 20: Jahreszeitliche Niederschlagsverteilung ausgewählter Städte

- **Windrose**: Die Windrose kann als spezielle Ausgestaltung des Netzdiagramms betrachtet werden. Hierbei wird der Vollkreis im Allgemeinen in 16 Himmelsrichtungen unterteilt, wobei die Windrichtungen, -häufigkeiten bzw. die Windstärken über die Ausgestaltung der Segmente (Größe, Farbgebung etc.) dargestellt werden.

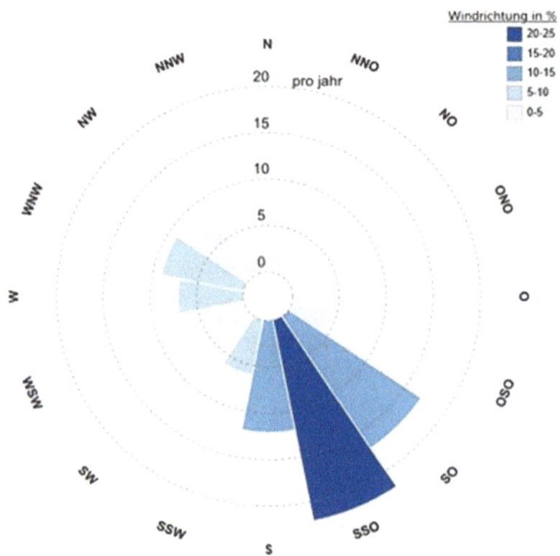

Abb. 21: Verteilung der vorherrschenden Windrichtungen am Umwelt-Campus im Jahre 2022

- **Box- & Whisker-Plot**: Der Boxplot ist ein Diagrammtyp, der zur grafischen Darstellung der Verteilung eines mindestens ordinalskalierten Merkmals verwendet wird. Es fasst dabei verschiedene Streuungs- und Lagemaße in einer Darstellung zusammen, ohne dabei Annahmen über die zugrundeliegende Verteilungsfunktion zu machen. Box- & Whisker-Plots sind eine zentrale Visualisierungstechnik der deskriptiven Statistik.

  Ein Boxplot besteht dabei immer aus einem Rechteck, der sogenannten Box, welche sich z.B. vom unteren bis zum oberen Quartil der zugrundeliegenden Werte erstreckt (Maß für die Streuung der Werte), und zwei Linien, die dieses Rechteck verlängern. Letztere zeigen die außerhalb der Box liegenden Werte an. Zusätzlich zeigt ein Strich innerhalb der Box noch ein Lokationsmaß (z.B. arithmetisches Mittel oder Median), wobei die Position desselben innerhalb der Box auch Rückschlüsse auf die zugrundeliegende Verteilung der Daten zulässt.

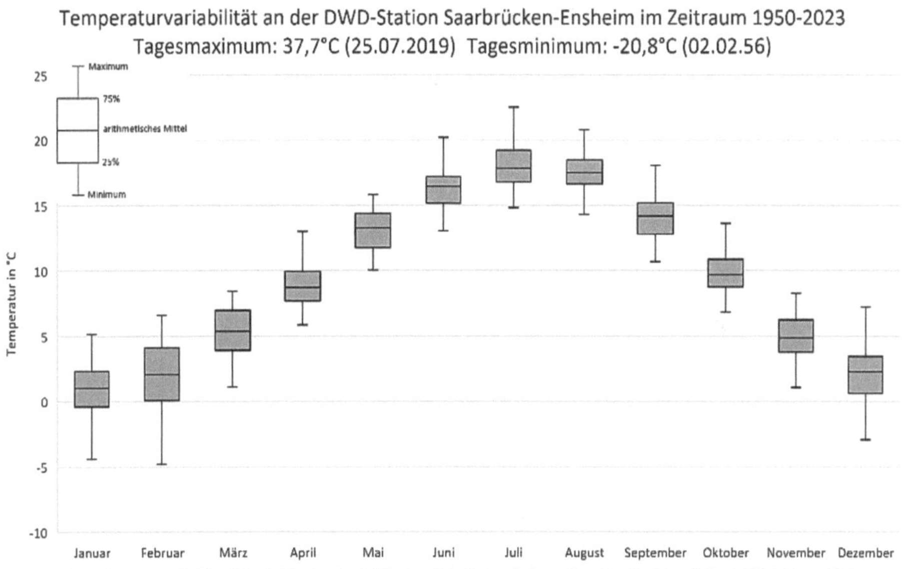

Abb. 22: Box- & Whiskerplot zur deskriptiven Darstellung der Variabilität von Temperaturverläufen (Monatsmittel)

- **Treemaps (Kacheldiagramm):** Eine Treemap dient der Visualisierung hierarchischer Strukturen bzw. der Visualisierung verschachtelter Proportionen, welche hierbei durch ineinander verschachtelte Rechtecke dargestellt werden.

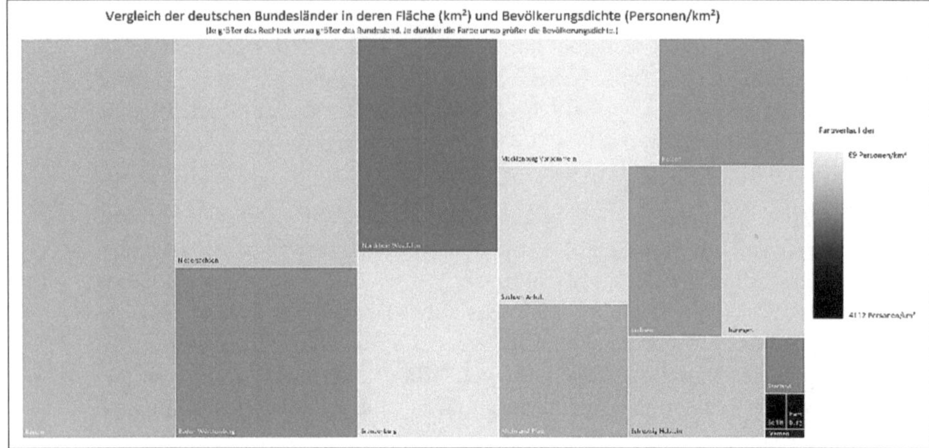

Abb. 23: Flächengröße und Bevölkerungsdichte der Bundesländer dargestellt als Treemap (Datengrundlage: Statistisches Bundesamt)

Neben den „klassischen“ Business-Charts existieren eine Vielzahl weiterer Diagrammtypen für die verschiedensten Anwendungsbereiche, wie z.B. Gantt-Charts im Projektmanagement, Mindmaps zur Erschließung von Themengebieten im z.B. Rahmen des Brainstormings, Risk Maps u.v.m.

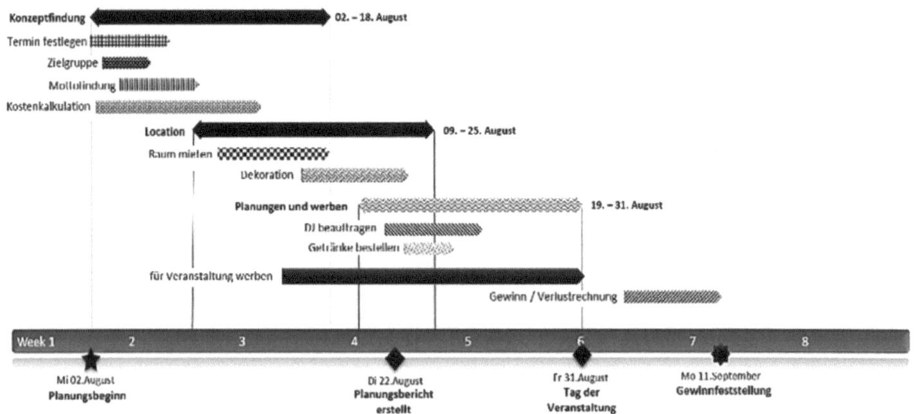

Abb. 24: Beispiel eines Gantt-Charts

3.2 Heatmaps

Heatmaps sind eine Darstellungsform, bei der klassischerweise mit den Farben gearbeitet wird, die eine Wärmebildkamera erzeugt: Rot steht immer für heiß bzw. viel oder eine andere hohe Intensität der jeweiligen Eigenschaft. Dann erfolgen die Abstufungen nach unten über die Farben Orange (mittelheiß), Gelb (warm), Grün (kühl) und Blau (kalt) (siehe hierzu auch die Anmerkungen zur Farbwahl in Kap. 3.5.1).

Heatmaps spielen den Vorteil der Verwendung von Farben sehr gut aus, da sich mit der Farbintensität und mit fließenden Übergängen auch Zwischenstufen leicht verständlich darstellen lassen. Mittlerweile werden als Heatmaps aber auch solche Darstellungen bezeichnet, in denen bei der Darstellung diskreter Werte fließende Übergänge von Intensitäten einer Farbe zur Darstellung quantitativer Werteausprägungen verwendet werden.

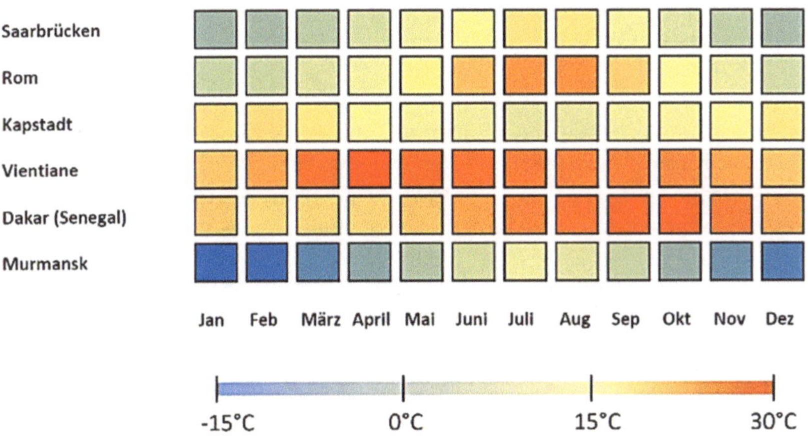

Abb. 25: Beispiel einer Heatmap. Diskrete Darstellung monatlicher Durchschnittstemperaturen ausgewählter Städte (Datenquelle: https://de.climate-data.org/); bei einer Graustufendarstellung oft nicht interpretierbar, siehe auch eBook

3.3 Piktogramme

Piktogramme oder Piktografiken verwenden Bilder, Symbole, Icons etc. anstelle bzw. zusätzlich zu den Standard-Grafikelementen. So können bspw. Säulen durch skalierbare Bilder oder durch eine symbolhafte Darstellung der Objekte, die darzustellen sind, ersetzt werden. Piktografiken werden häufig in Printmedien oder auch Präsentationen eingesetzt und bilden eine Vorstufe bzw. den Übergang zu den nachfolgend vorgestellten Infografiken.

Die Vorteile der Verwendung von Piktogrammen liegen insbesondere in einer erhöhten Attraktivität der Grafik für den Betrachter und in einer verständlichen Kommunikation von Sachverhalten für einen großen Personenkreis, unabhängig von Sprachbarrieren, kulturellem Hintergrund und Bildungsstand.

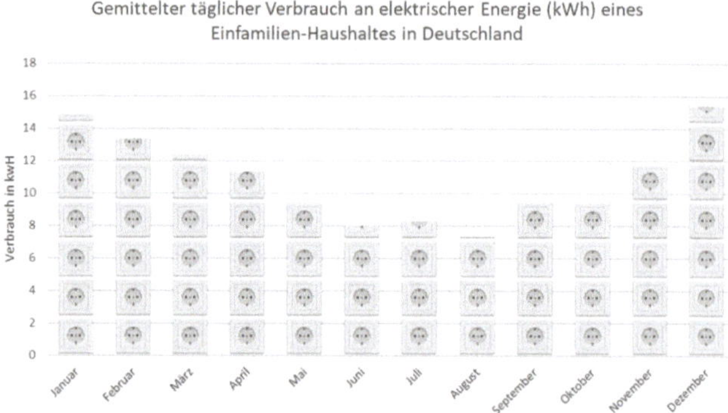

Abb. 26: Beispiel eines Piktogramms zur Höhe des Stromverbrauchs eines Haushaltes im jahreszeitlichen Verlauf

Zur Darstellung der Attributausprägung (z.B. Stromverbrauch als Säulendiagramm) können die gewählten Bilder in Form von (mehreren) gestapelten Symbolen oder aber als (ein) skaliertes Symbol verwendet werden. In Abhängigkeit von Motiv und der Datenlage kann letztgenannte Variante aber zu stark verzerren und dadurch ungeeigneten Darstellungen führen.

Nachfolgend finden Sie noch ein Piktogramm-Beispiel, bei dem bildhafte Information zur Visualisierung der unterschiedlichen Landnutzungsformen verwendet wurde:

Abb. 27: Verteilungsdiagramm zur Flächennutzung im Landkreis Birkenfeld (Datengrundlage: Statistisches Landesamt Rheinland-Pfalz)

3.4 Infografiken

Eine Infografik oder Informationsgrafik ist eine journalistische Darstellungsform, die Informationen visuell ansprechend aufbereitet, vornehmlich für Printmedien und für z.B. Nachrichtenproduktionen im Fernsehen. Ziel ist das Erreichen einer möglichst anschaulichen Vermittlung von Fakten für einen weit gefassten Nutzerkreis.

Infografiken werden meist mit Vektorgrafikprogrammen erstellt, wobei häufig Hintergrundbilder zur Aufwertung der Darstellung, aber auch zusätzlich Piktogramme verwendet werden.

Mittlerweile existiert auch eine Vielzahl von Online-Infografik-Design-Tools, welche sowohl kostenlos als auch kostenpflichtig angeboten werden. Beispiele hierfür sind die Werkzeuge Canva (https://www.canva.com/de_de/), Visme (https://www.visme.co/de/) oder AdobeExpress (https://www.adobe.com/de/express/). Eine Übersicht zu den entsprechenden Tools findet sich z.B. bei [27].

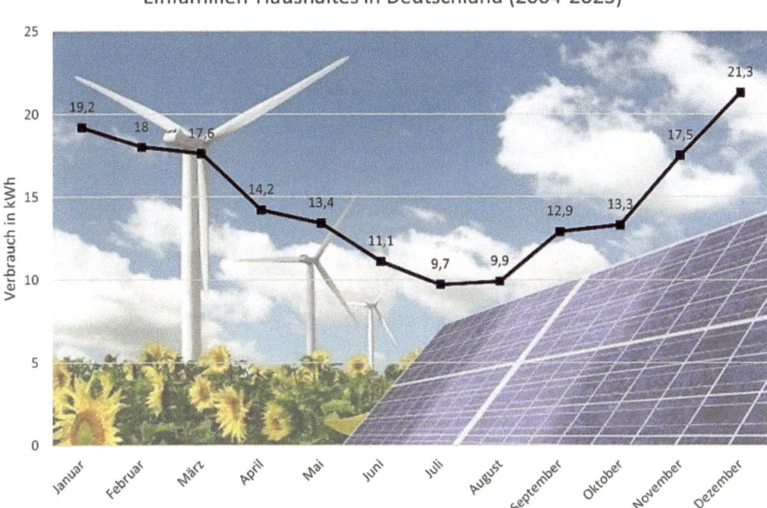

Abb. 28: Beispiel einer einfachen Infografik

Nachfolgend finden Sie zum Thema Wasser-Extremereignisse ein weiteres Beispiel einer Infografik. Hierbei wurde neben der Anreicherung der Grafik mit themenspezifischen Objekten (Wasser, Pegellatte) auch eine fiktive Normalwasserlinie eingezogen, um Hoch- und Niedrigwasser besser visualisieren zu können.

[27] https://t3n.de/news/infografiken-selbst-erstellen-102-443392/

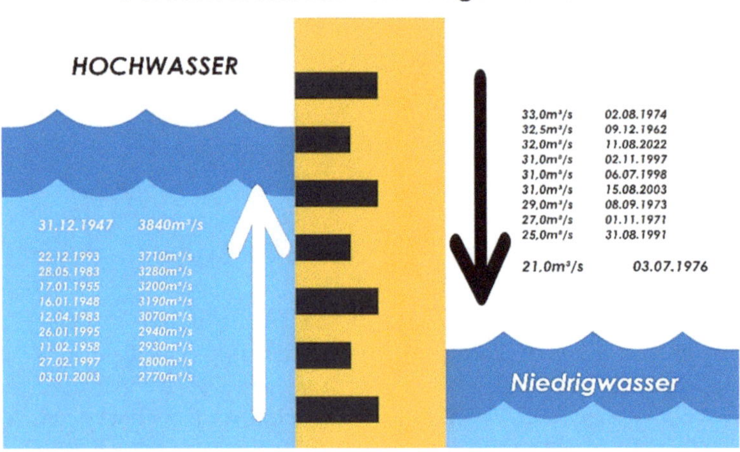

Abb. 29: Infografik zu Wasser-Extremereignissen gemessen am Pegel Trier (Mosel; Quelle: https://undine.bafg.de/). Die Pfeile sowie die jeweilige Wasseroberflächenposition unterstützen die Wahrnehmung der Hoch- bzw. Niedrigwasserereignisse

3.5 Nützliche Anmerkungen

3.5.1 Farbwahl

Ein Prisma zerlegt das für das menschliche Auge sichtbare weiße Licht in die Spektralfarben rot, orange, gelb, grün, blaugrün, blau und violett. Innerhalb dieses Spektrums bilden dabei der langwellige dunkelrote Farbton das eine Ende (oberes Ende) und das kurzwellige Violett das andere Ende (unteres Ende) ab (vgl. hierzu auch Abb. 12 Elektromagnetisches Spektrum und visuelle Adaption). Zahlreiche Farbskalen sind nach diesem weltweit gültigen Prinzip gestaltet, wie z.B. Wetterkarten, Gefahrenindices etc.

Bei der kartenbasierten Darstellung der regionalen 7 Tage-Inzidenzwerte für Deutschland kam es dabei während der Corona-Pandemie zu dem Kuriosum, dass aufgrund fehlender Erfahrungswerte zu Beginn der Pandemie bereits das komplette Farbspektrum belegt wurde und die Grafiker nach dem starken Ansteigen der Inzidenzwerte während der dritten Welle auf das Violett als Maximalklasse zurückgreifen mussten. Dies widersprach jedoch gravierend dem oben beschriebenen Prinzip, bei dem Höchstwerte farblich mit Dunkelrot und Tiefstwerte mit Violett gekennzeichnet werden. Interessante Ausführungen zur Farbwahl sind auch bei Johann Wolfgang von Goethe zu finden, der sich ebenfalls intensiv mit der Systematisierung und Klassifizierung von Farben beschäftigt hat (siehe hierzu auch[28]).

---

[28] https://de.wikipedia.org/wiki/Farbenlehre_(Goethe)

Weitere Tipps für den Umgang mit Farben bei Visualisierungen:

- **Farben als Unterscheidungsmerkmal**: Farben können wir als Unterscheidungsmerkmal zur Differenzierung von Gruppen / Punkten, die keine Reihenfolge haben (nominal skaliert, qualitativ) verwenden, oder auch bei quantitativen Werten durch den Einsatz von sequenziellen Skalen (z.B. einzelne Farbtöne oder Farbverläufe), wie sie in der Natur zu beobachten sind.
- **Divergierende Farbskalen**: Visualisierung der Abweichung von Datenwerten in beide Richtungen relativ zu einem neutralen Mittelwert, z.B. positive und negative Zahlen.
- **Akzentfarben**: Methode, um bestimmte Elemente in Daten hervorzuheben; die Grundfarben sollten dabei nicht um Aufmerksamkeit konkurrieren; langweilige Töne wählen, oder bis auf Akzentfarbe nur Graustufen wählen.

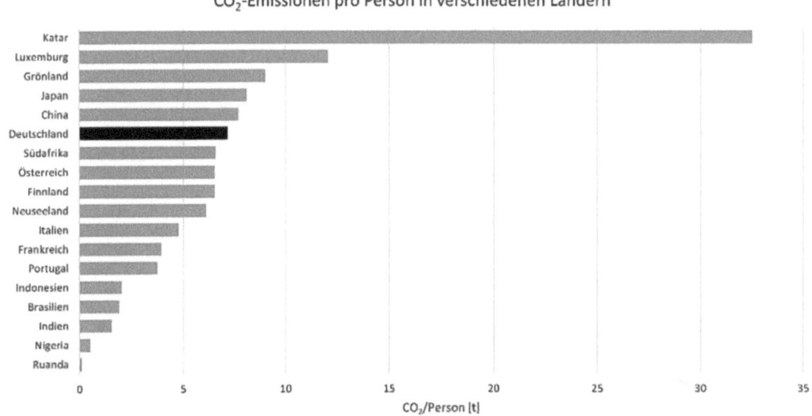

Abb. 30: Verwendung von Akzentfarben und einer Sortierung nach Größe der Werteausprägung zur Unterstützung einer Steuerung der Informationswahrnehmung (Datenquelle: https://www.laenderdaten.info/co2-nach-laendern.php)

3.5.2 Koordinatensysteme und Achsen

Wir können Daten nicht visualisieren, ohne die Datenpunkte an verschiedenen Orten zu platzieren.

- **Kartesisches Koordinatensystem**: In einem kartesischen Koordinatensystem entspricht der Abstand zwischen den Gitterlinien entlang einer Achse den diskreten Schritten in den jeweiligen Einheiten. Wenn beide Achsen in unterschiedlichen Einheiten gemessen werden, kann eine Achse relativ zur anderen gestreckt oder komprimiert werden (je nach Botschaft; suggestiv). Daten, die nach unten, in die Tiefe bzw. auch in der Realität in den negativen Bereich gehen, zeichnen wir auch entsprechend auf den Achsen ein, z.B. Auftautiefe von Permafrostböden.

- **Nichtlineare Achsen**: In einer nicht-linearen Skala entspricht einem gleichmäßigen Abstand in Dateneinheiten ein ungleichmäßiger Abstand in der Visualisierung oder umgekehrt, z.B. als logarithmische Skala. Da die Multiplikation auf einer logarithmischen Skala wie eine Addition auf einer linearen Skala aussieht, bieten sich logarithmische Skalen für alle Daten an, die aus Multiplikation oder Division entstanden sind

Entwicklung der Weltbevölkerung

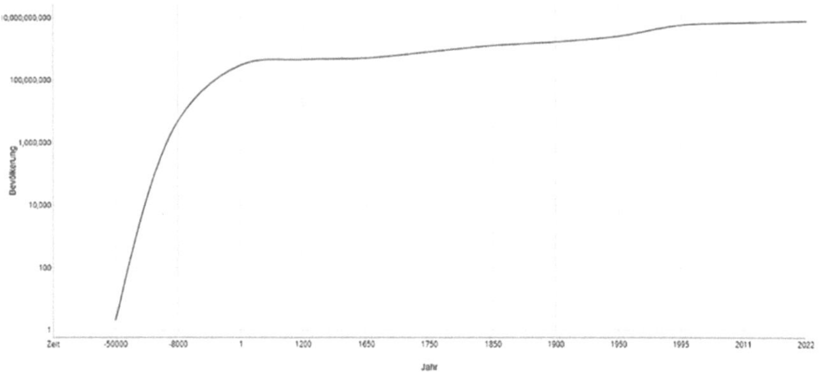

Abb. 31: Verwendung eines logarithmischen Achsensystems (vertikale Achse) als eine Art der Darstellung der Entwicklung der Bevölkerung der Erde (Daten: Spektrum.de)

- **Polarkoordinaten**: Positionen werden über einen Winkel und einen radialen Abstand zum Ursprung angegeben. Nützlich z.B. bei periodischen Daten bei denen eine logische Verknüpfung von Daten am Ende der Reihe mit denen am Anfang, z.B. Monate im Jahr; zyklische Reihen, Richtungsangaben im Vollkreis etc. existiert. (vgl. Abb.20, 21)
- **Sonderfall**: Multi-Achsensystem (siehe Klimadiagramm Abb.16)

3.6 Literatur

Büther, Axel (2020): Die geheimnisvolle Macht der Farben – Wie sie unser Verhalten und Empfinden beeinflussen.- Droemer / Knaur

Harris, Robert L. (1999): Information Graphics. A Comprehensive Illustrated Reference. Oxford University Press, Oxford

Heber, Raimar (2016): Infografik: Gute Geschichten erzählen mit komplexen Daten: Fakten und Zahlen spannend präsentieren! Rheinwerk Verlag GmbH, Bonn

Ward M., G. Grinstein & D. Keim (2010): Interactive Data Visualisation. Foundations, Techniques, and Applications. A K Peters, Natik

4 Geovisualisierung und Kartografie

Die Lernfragen zu diesem Kapitel finden Sie unter:
https://narr.kwaest.io/s/1264

Lernziele

Nach der Durcharbeitung dieses Kapitels sollten Sie

- die Eigenschaften von Geodaten beschreiben können,
- grundlegende Kenntnisse auf dem Gebiet der Visualisierung raumbezogener Daten mittels Kartenwerke besitzen,
- wesentliche Inhalte eines Kartenwerks benennen können,
- Grundsätze einer guten Kartengrafik kennen.

Raumbezogene Information wird in idealer Weise in Form von Kartenwerken kommuniziert. Die Vielfalt an (karto)grafischen Gestaltungsmitteln wie z.B. Schrift, Punkte, Linien, Flächen, Symbole etc. erfordert dabei zwingend die Beachtung kartografischer Regeln, die trotz der hohen Informationsdichte in Kartenwerken eine gute Lesbarkeit ermöglichen sollen.

Während bis vor wenigen Jahren die Erstellung von Kartenwerken nur den Spezialisten vorbehalten blieb, haben sich heute durch die allgemeine Verfügbarkeit von Geodaten und Kartensoftware die Grenzen zwischen Kartennutzern und -produzenten aufgelöst. Auch der häufig verwendete Begriff „Geovisualisierung" weist auf die Weiterentwicklung der klassischen Kartografie hin.

Die Kartografie als früher eigenständige Wissenschaftsdisziplin befasst sich mit dem Erfassen, Aufbereiten, Speichern, Bewerten und der kartografischen Darstellung von raumbezogenen Informationen.

Grundsätzlich unterscheiden wir zwischen zwei Typen von Kartenwerken:

- **topografische Karten**: Sie dienen in erster Linie der Orientierung im Raum sowie der räumlich-korrekten Verortung von Standorten, und
- angewandte, **thematische Karten**: Diese dienen der Darstellung von statistischen Werten, von Einzelbeobachtungen, von komplexen Tatbeständen, be-

grifflichen Verallgemeinerungen und geistigen Auffassungen. Sie zeigen das Wissen, die Meinung und die Absicht des Autors.

- Unter **Atlanten** verstehen wir der Vollständigkeit halber schließlich noch eine Sammlung thematisch, inhaltlich oder regional zusammenhängender Kartenwerke in Buchform oder in loser Folge.

Durch die weite Verfügbarkeit von GIS-Technologien (GIS = Geografisches Informationssystem) und von Kartografie-Software ist die Erstellung ansprechender Kartenwerke nicht mehr einem kleinen Zirkel von Kartografen und Geografen vorbehalten, sondern Allgemeingut geworden.

Definition: Ein Geoinformationssytem (GIS) ist ein Informationssystem, mit dem „raumbezogene Daten digital erfasst und redigiert, gespeichert und reorganisiert, modelliert und analysiert sowie alphanumerisch und grafisch präsentiert werden.“[29]

Neben dem Begriff der Kartografie hat sich mittlerweile das Forschungsgebiet sowie der Begriff der „Geovisualisierung“ etabliert, der das Verständnis der klassischen „Karte“ weitergehend fassen will und benachbarte Disziplinen wie z.B. Erdbeobachtung, Visualisierung und Geoinformationssytem (GIS) mit berücksichtigt[30]. Eine zeitgemäße Visualisierung raumbezogener Information erfolgt in der Regel unter Verwendung von sogenannten digitalen Geodaten.

4.1 Geodaten

Geodaten beschreiben raumbezogene Informationseinheiten bzw. topografische Objekte mit konkretem Bezug zur Erdoberfläche. Sie setzen sich zusammen aus:

- **Geometriedaten**: Beschreiben die räumliche Lage sowie die Form punkt-, linien- oder flächenhafter Informationsobjekte. Die Geometriedaten können dabei sowohl als Raster- (z.B. Luft-, Satellitenbilder) als auch als Vektordaten (z.B. Topografie) vorliegen.
- **Sachdaten** (synonym: Attribute, thematische Daten): Repräsentieren sämtliche nichtgeometrische Eigenschaften; sie sind Träger der eigentlichen Fachinformation, z.B. Bauwerkstyp, Landnutzung, Messwerte.

Geodaten werden i.d.R. mit Hilfe von Geografischen Informationssystemen (GIS) modelliert, ausgewertet und visualisiert. Bekannte Softwaresysteme sind Pro-

---

[29] Bill, Ralf (2023): Grundlagen der Geoinformationssysteme.- 7. Auflage, Wichmann Verlag, Heidelberg

[30] MacEachren A.M. & Kraak M.-J. (2001): Research Challanges in Geovizualisation. In: Cartography and Geographic Information Science, 28 (1)

dukte wie z.B. ArcGIS (ESRI), MapInfo oder auch QGIS[31] (Open Source Projekt).

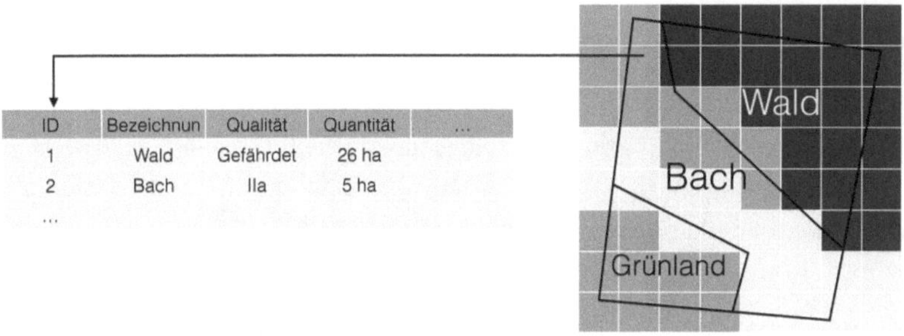

ID	Bezeichnun	Qualität	Quantität	...
1	Wald	Gefährdet	26 ha	
2	Bach	IIa	5 ha	
...				

Abb. 32: Verknüpfung von geometrischer und fachbezogener Information bei Geodaten

Es existiert eine Vielzahl von Anbietern für Geodaten. Hier sind – was nationale Daten betrifft – an erster Stelle die Informationssysteme der Arbeitsgemeinschaft der Vermessungsverwaltungen in Deutschland (AdV[32]) zu nennen. Diese stellen die sogenannten amtlichen Geobasisdaten bereit. Für den Anwendungsbereich des Raumwissenschaftlers bzw. Kartografen relevante Systeme sind dabei das

- Amtliche Topografisch-Kartografische Informationssystem (ATKIS): Es stellt topografische und kartografische Informationen der Bundesrepublik Deutschland digital bereit. Hierzu zählen die objektstrukturierten digitalen Landschaftsmodelle, die digitalen Geländemodelle, Topografische Karten sowie Orthophotos (geometrisch korrigierte Luftbilder),
- das Amtliche Liegenschafts-Kataster-Informations-System (ALKIS): Dieses ersetzt in Deutschland die Automatisierte Liegenschaftskarte und das Automatisierte Liegenschaftsbuch, indem es diese Informationen in einem System vereint. Wie der Name schon sagt, werden hier liegenschaftsbezogene Informationen (z.B. Parzellengrenzen, Gebäudegrundrisse etc.) vorgehalten.

Dabei zeichnen sich die qualitätsgesicherten amtlichen Geodaten insbesondere durch eine hohe geometrische und semantische Genauigkeit aus.

Weitere Anbieter von georeferenzierten Daten, die für die Erstellung von Kartenwerken verwendet werden können, sind z.B. die Industrie (z.B. GoogleMaps, ESRI, Telekom, Logistikunternehmen, Energieversorger, Marktforschungsunternehmen etc.), aber auch freie Quellen im Internet wie z.B. OpenStreetMap (OSM), UNEP etc. Zur erleichterten Recherche und Identifizierung von verfügbaren Geodaten wurden im Rahmen verschiedener Anstrengungen, z.B. der INSPIRE-Initiative der Europäischen Union, MetaInformationssysteme aufgebaut, welche den

[31] https://www.qgis.org/de/site/

[32] http://www.adv-online.de/Startseite/

Zugang zu Geodaten weltweit erleichtern sollen (z.B. INSPIRE Geoportal[33], Geoportal.de[34]).

Anwendungsbeispiele für das analytische Arbeiten mit Geodaten finden sich z.B. in der Standortplanung, der Dokumentation und dem Management von Ver- und Entsorgungsinfrastrukturen (Leitungskataster), Sichtbarkeitsanalysen oder der Modellierung von Raum-Zeit-Phänomena, um nur einige wenige zu benennen.

Unabhängig vom Anwendungsfall ist allen Anwendungen jedoch gemeinsam, dass als Kommunikationsprodukt für Sachverhalte (z.B. Ergebnisse von Raumanalysen, die Visualisierung der räumlichen Verteilung statistischer Werte etc.) ein thematisches Kartenwerk dient. Beim Entwurf solcher Kartenwerke bzw. Geovisualisierungen sind einige kartografische Regeln zu beachten, die nachfolgend skizziert werden.

4.2 Kartografische Grundlagen

Ziel jeglicher Visualisierung raumbezogener Daten ist der Entwurf einer geeigneten Kartengrafik als Summe der verfügbaren grafischen Gestaltungsmöglichkeiten. Übergeordnetes Ziel im Kartendesign ist – analog den Zielen bei der Diagrammerstellung – die Realisierung einer effizienten, leicht verständlichen Kommunikation von raumbezogenen Sachverhalten.

Hierbei sind – neben der Wahl eines geeigneten Maßstabs sowie einer geeigneten Projektion – die Auswahl und Integration der Kartenelemente in Abhängigkeit von ihrer Bedeutung relevant. Hierbei können wir auf eine Vielzahl an kartografischen Zeichen und Elementen (z.B. Punkt, Linie, Fläche, Schrift, Symbole etc.) sowie deren Variationsmöglichkeiten (z.B. Größe, Form, Farbe, Füllmuster etc.) zur Visualisierung qualitativer und quantitativer Daten zurückgreifen. Einen guten Überblick über die Vielfalt kartografischer Zeichen findet sich unter anderem bei Hake et al.

Unabhängig von den vielfältigen Gestaltungsmöglichkeiten sollen Kartenwerke folgende Elemente aufweisen:

- Kartentitel: Beschreibt das Thema, den abgebildeten geografischen Bereich sowie den Maßstab
- Karteninhalt: Enthält die Summe aller kartografischen Gestaltungselemente als Hauptkarte, z.T. existieren auch Nebenkarten (z.B. Mini-Maps als Übersichtskarte)
- Kartenrandangaben: Hier finden sich Angaben zum Maßstab, eine Maßstabsleiste (reproduktionstechnisch wichtiger als die zahlenmäßige Maßstabsangabe), Nordpfeil, Angaben zum Autor sowie zum Zeitpunkt der Herausgabe bzw. Zeitbezug der Datenquelle sowie die Legende (Zeichenerklärungen)

---

[33] https://inspire-geoportal.ec.europa.eu/srv/ger/catalog.search#/home

[34] https://www.geoportal.de/

- Kartennetz: Bei topografischen Karten sowie weiteren Kartenwerken die vorwiegend zur Orientierung im Gelände verwendet werden finden sich häufig auch Netzlinien oder Schnittkreuze, welche die geografische bzw. geodätische Lage der Punkte in einem definierten Raumbezugssystem beschreiben.

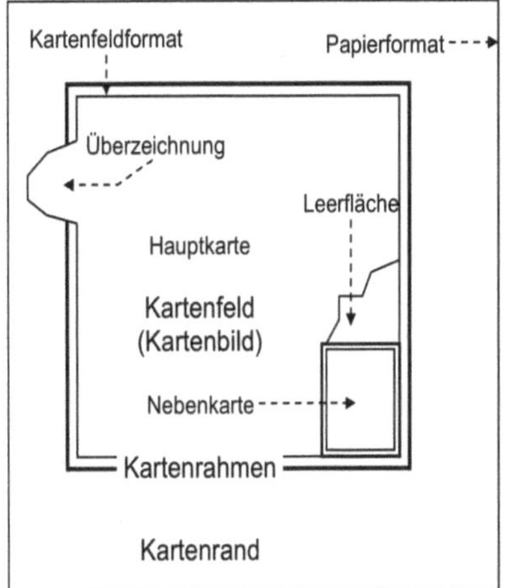

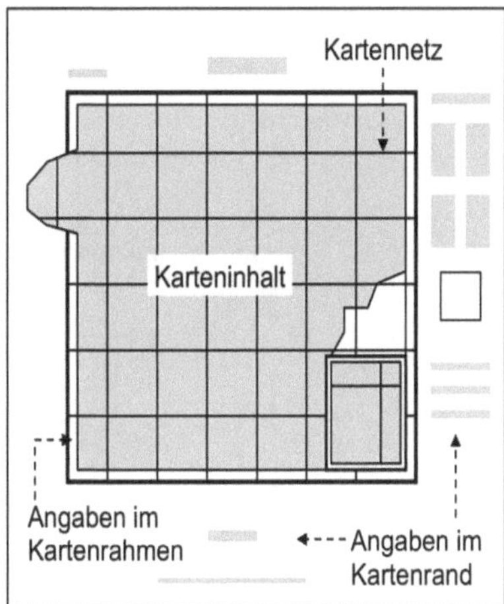

Abb. 33: Formale und inhaltliche Bestandteile von Karten nach Hake[35]

4.2.1 Grundsätze guter Kartengrafik

Da Karten in erster Linie ein Kommunikationsmittel zum Transport raumbezogener Informationen zum Betrachter darstellen, müssen wir bei der grafischen Ausgestaltung ein paar grundlegende Regeln beachten:

> Generell gilt, dass gleiche Merkmalsausprägungen gleich, ähnliche Ausprägungen ähnlich, und verschiedene Sachverhalte auch unterschiedlich dargestellt werden sollten.

Dabei muss die grafische Differenzierung der Merkmalsausprägungen eine gute Lesbarkeit gewährleisten. Es wird empfohlen, mit Signaturen zu arbeiten, die auch im Falle einer schwarz-weißen Reproduktion ihre Aussagekraft nicht verlieren. Weiterhin sollten optische Täuschungen vermieden werden. Zum Beispiel erscheint ein gleicher Farbwert in dunkler Umgebung heller als in heller Umgebung.

---

[35] Hake G., Grünreich D. & Meng L. (2002): Kartographie: Visualisierung raum-zeitlicher Informationen (8. Auflage). De Gruyter Verlag, Berlin

Essenziell ist auch, dass die Erwartungen des Nutzers oder Betrachters berücksichtigt werden. Dies betrifft erwartete Farben bei der Darstellung von z.B. Siedlungs- und Landschaftselementen (z.B. Wald: grün, Wasser: blau, etc.) oder die in Deutschland übliche Nordausrichtung von Kartendarstellungen.

Weitere wichtige kartografische Techniken, deren detaillierte Besprechung an dieser Stelle aber zu weit führen würde, sind die Generalisierung (Prozess zur Reduzierung des Informationsgehaltes kartografischer Information in Abhängigkeit von Maßstabsänderungen) sowie Klassifizierungsverfahren. Hierzu sei auf die weiterführende Literatur verwiesen.

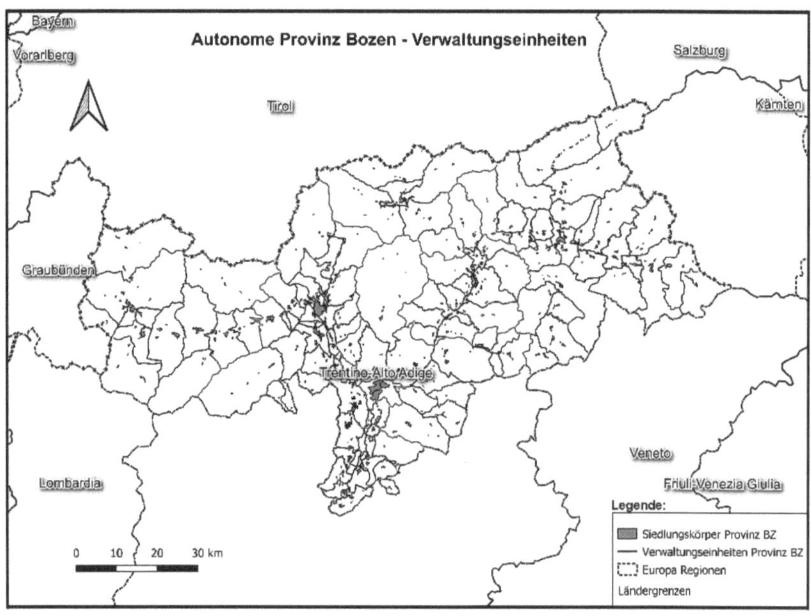

Abb. 34: Beispiel einer einfachen thematischen Karte

4.3 Orts- und Gebietsdiagramm-Karten

Orts- und Gebietsdiagrammkarten sind auch unter den Begriffen Orts- und Gebietskartogramme oder Diakartogramme[36] bekannt und zählen zu den vielseitigsten und leistungsfähigsten Ausdrucksformen der statistisch-thematischen Kartographie.

---

[36] Imhof, E, 1972. Thematische Kartographie.- in: Lehrbuch der Allgemeinen Geographie, Band 10. Berlin - New York: Walter de Gruyter.

Bei dieser Technik werden mit Hilfe von Diagrammen spezifischen Punkten oder Arealen in einer Karte statistische Werte grafisch zugewiesen. Dargestellt werden können absolute, feste Werte, Wertintervalle und Wertrelationen, welche sich auf einen bestimmten Ort oder ein Areal beziehen. Dabei beziehen sich Ortsdiagrammkarten immer auf eine bestimmte Punktlage, z.B. eine Stadt, während bei Gebietsdiagrammkarten abgegrenzte Areale wie z.B. Verwaltungsbezirke die Bezugsgröße für statistische Werte bilden.

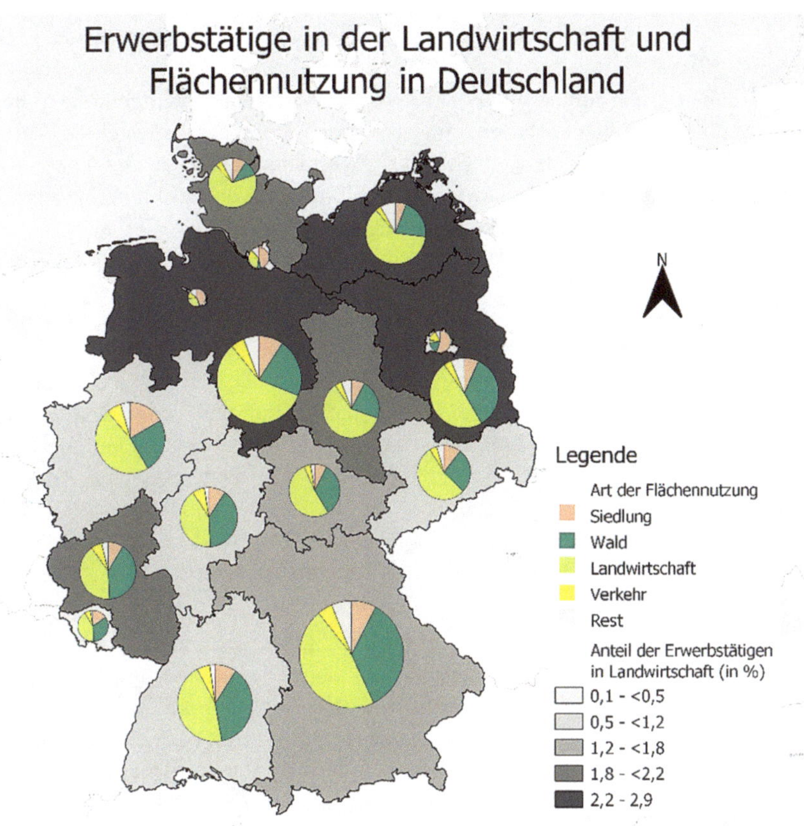

Abb. 35: Beispiel einer Gebietsdiagramm-Karte. Die Flächensignatur zeigt den relativen Anteil der Erwerbstätigen in der Land- und Forstwirtschaft sowie der Fischerei, die Kreisdiagramme den relativen Anteil der Flächennutzungen in den jeweiligen Bundesländern im Jahre 2021 (Daten: https://regionalatlas.statistikportal.de/)

Bei ersteren wird dabei das Diagramm dicht neben oder über dem topographischen Positionszeichen platziert. Wichtig ist, dass klar ersichtlich ist, auf welchen

Punkt sich das Diagramm oder die Punktsignatur bezieht. Zur besseren Orientierung ist die Basiskarte für Ortsdiagramme eher detailliert (z.B. mit Ortssignaturen, Gewässernetz, Relief, Verkehrsnetz).

Demgegenüber werden bei Gebietsdiagrammkarten die Diagramme zentral innerhalb der Grenzen des betreffenden Areals platziert. Es ist jedoch darauf zu achten, dass je nach Bezugsareal auch kleinere Flächen auftreten können, in welchen die Diagramme ebenfalls untergebracht werden müssen. Die Hintergrundkarte von Gebietsdiagrammkarten kommt mit wenigen Elementen aus. Zur räumlichen Orientierung genügen oft die Grenzen der Bezugsareale und ggf. ein grobes Gewässernetz.

Die Größe der Diagramme spielt bei beiden Varianten eine wichtige Rolle in Bezug auf die Lesbarkeit der Karten. Eine gute Abschätzung der dargestellten Werte durch den Betrachter, eine weitestmögliche Vermeidung von Verdeckungen relevanter Karteninhalte sowie eine klare Zuordnung zum Bezugspunkt bzw. -areal sollte im Rahmen der Kartengestaltung angestrebt werden.

4.4 Kartogramme

Kartogramme sind eine besondere Ausprägung thematischer Karten, in denen quantitative oder qualitative Aussagen auf einer festgelegten Bezugsfläche dargestellt werden. So können bspw. eine einfache Einfärbung oder Texturwahl, aber auch komplexere Kreisdiagramme die Ausprägung bestimmter Parameter in einer zugrundeliegenden Raumeinheit angeben (z.B. länderbezogene Arbeitslosenquote). Die jeweilige Angabe gilt für das zugehörige Objekt (z.B. Flussabschnitt, Verwaltungseinheit, Stadt), ohne die ggf. vorhandenen internen Variationen zu beachten. Häufig werden objektbezogene statistische Angaben als Kartogramm dargestellt.

Die überwiegende Zahl kartografischer Darstellungen sozio-ökonomischer Daten erfolgt dabei in Form von Bezugsflächenkarten. Die Farbabstufungen symbolisieren darin z.B. klassifizierte statistische Werte. Solche Karten bedienen sich in der Regel einer flächentreuen Kartengrundlage. Tatsächlich beziehen sich die Inhalte häufig jedoch nicht auf die Fläche, sondern auf die dort lebende Bevölkerung oder Teilmengen davon. Als eine interessante Alternative bietet sich daher die Darstellung der Bezugsflächen proportional zu ihrer Einwohnerzahl an.

Mit dem Begriff Kartogramm (kartografische Anamorphose) werden mittlerweile in der Regel absichtlich verzerrte Karten bezeichnet, deren räumliche Eigenschaften nicht direkt mit der Lage auf der Erdoberfläche, sondern mit dem Wert einer thematischen Variablen zusammenhängen[37].

---

[37] Burgdorf, M. Verzerrungen von Raum und Wirklichkeit in der Bevölkerungskartographie. *j. Cartogr. Geogr. inf.* **58**, 234–242 (2008). https://doi.org/10.1007/BF03543991

Es existieren unterschiedliche Typen von Kartogrammen (nicht zusammenhängende, zusammenhängende und Dorling-Kartogramme), von denen jedes eine sehr unterschiedliche Art aufweist, Attribute von geografischen Objekten anzuzeigen.

4.4.1 Nicht-zusammenhängende Kartogramme

Ein nicht-zusammenhängendes Kartogramm ist die einfachste Art eines Kartogramms. Hier müssen die geografischen Objekte keine Verbindung mit ihren benachbarten Objekten aufrechterhalten. Indem die Objekte von ihren benachbarten Objekten befreit werden, können sie in ihrer Größe wachsen oder schrumpfen und behalten immer noch ihre Form.

Wenn der Schwerpunkt des Objekts beibehalten bleibt (ein Schwerpunkt ist der gewichtete Mittelpunkt eines Bereichsobjekts, d.h. die Mitte des Objekts verbleit am selben Ort), beginnen sich jedoch einige der Objekte zu überlappen, wenn die Objekte abhängig von der Attributausprägung wachsen.

Im nicht-zusammenhängenden Kartogramm schrumpfen die Objekte nicht nur oder wachsen, sondern sie können sich auch in die eine oder andere Richtung bewegen, um eine Überlappung mit einem anderen Objekt zu vermeiden (Objektmittelpunkt wird entsprechend zu verschoben). Obwohl dies eine gewisse Abstandsverzerrung verursacht, werden die dargestellten Größen der Objekte besser gesehen und können leichter als ein Attributwert interpretiert werden.

4.4.2 Zusammenhängende Kartogramme

In einem zusammenhängenden Kartogramm wird im Gegenteil zum vorher besprochenen Kartogramm-Typ die Topologie beibehalten (die Objekte bleiben miteinander verbunden), was häufig zu einer starken Verzerrung der Form führt.

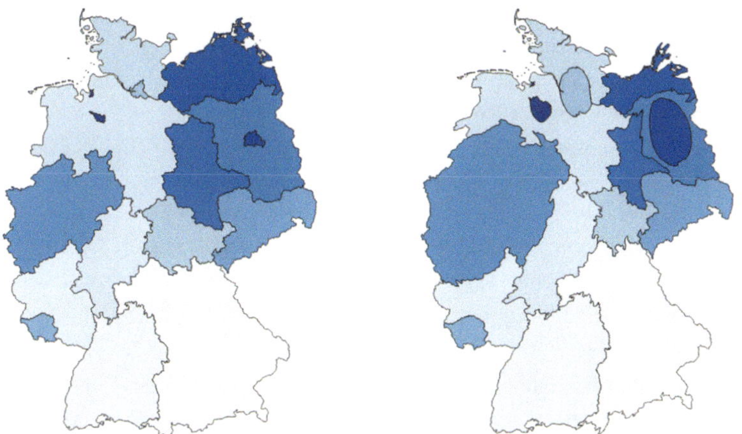

Abb. 36: Flächenproportionale (links) bzw. bevölkerungsproportionale Darstellung der Arbeitslosenquote in den verschiedenen Bundesländern

Dies führt zu einem schwierigen, aber faszinierenden Problem beim Erstellen von Kartogrammen. Der Kartograf muss zur Darstellung der Attributwerte hierbei den Objekten eine geeignete Größe geben, aber er muss auch die Form der Objekte so gut wie möglich beibehalten, damit das Kartogramm leicht interpretiert werden kann.

4.4.3 Dorling-Kartogramm

Dieser Kartogramm-Typ wurde nach seinem Erfinder Danny Dorling von der Universität Leeds benannt. Es erhält weder Form noch Topologie noch Objektschwerpunkte. Um ein Dorling-Kartogramm zu erstellen, ersetzt der Kartograf die zu visualisierenden Objektgeometrien durch eine einheitliche Form, z.B. einen Kreis, der entsprechenden Größe. Die Formen werden frei bewegt (jedoch nur zur kürzesten Entfernung von ihren wahren Orten / Positionen im Raum), sodass die volle Fläche jeder Form sichtbar ist. Die Größe der Form repräsentiert die Ausprägung des darzustellenden Attributes.

Ein anderes Dorling-ähnliches Kartogramm ist das Demers Cartogram, das Quadrate statt Kreise verwendet. Dies lässt weniger Lücken zwischen den Formen. Zudem wird hier oft die Distanz geopfert, um die Kontiguität zwischen Figuren aufrecht- und um bestimmte visuelle Hinweise beizubehalten.

4.5 Extrudierte Karten

Extrusion bezeichnet in der Geometrie eine Dimensionserhöhung eines Elementes durch Parallelverschiebung im Raum. Durch Extrusion bspw. einer Fläche erhält man einen Körper mit dem Querschnitt der Fläche.

Das Verfahren der Extrusion wird auch in der Kartografie zunehmend eingesetzt, um die Ausprägung selektierter Attribute ansprechend zu visualisieren. Hierbei wird analog den Kartogrammen ein Attributwert einem geometrischen Objekt (z.B. Verwaltungsgrenze) zugeordnet. Die Ausprägung des Attributwertes wird dabei als Extrusionshöhe verwendet.

Durch die Kombination von Basishöhen und Extrusion können ansprechende 3D-Ansichten erstellt werden, ohne dass 3D-Eigenschaften der Objekte dafür erforderlich sind (dreidimensionale Symbologie aus zweidimensionalen Features). Alle grundlegenden Geometrietypen wie Punkte, Linien und Polygone können dabei extrudiert werden, wie nachfolgende Beispiele zeigen:

- Punkte: z.B. Darstellung von Städten als Punktobjekte, wobei die Bevölkerungszahl als Attribut zur Bestimmung der Extrusionshöhe gewählt wird.
- Linien: Linien-Objekte werden vertikal zu Wänden extrudiert. Somit können z.B. wichtige Grenzen in 3D umrandet werden, um vertikale Wände darzustellen, z. B. Flugsperrzonen und Versorgungsleitungen

- Polygone: Die Polygonextrusion ist die am häufigsten eingesetzte Variante der Erstellung extrudierter Karten. Sie kommt oft bei der Konvertierung von Gebäudeumrissen in 3D-Gebäuden zum Einsatz. Sie kann jedoch auch zum Darstellen von repräsentativen Werten, z. B. von regionalen Immobilienpreisen, Bevölkerungsdichten oder sonstigen statistischen Werten verwendet werden.

Abb. 37: Kartendarstellung mit extrudierten Geometrien der Landkreise bzw. kreisfreien Städte in Deutschland

Die obige Kartendarstellung zeigt den prozentualen Anteil an Einpersonenhaushalten bezogen auf die Verwaltungseinheit Landkreis bzw. kreisfreie Stadt im Jahre 2016. Je höher die Geometrie, desto mehr Einpersonenhaushalte existieren (Datenquelle: Statistisches Bundesamt[38]). Zusätzlich zu der Höhe der Geometrie der Verwaltungsgrenzen wurde der Farbtonwert in Abhängigkeit von der Anzahl der Einpersonenhaushalte unterschiedlich gewählt. Dies unterstreicht zusätzlich die regionalen Unterschiede in der Werteausprägung.

Das Auslesen von absoluten Zahlenwerten zur Situation der Einpersonenhaushalte ist in diesem Kartenbeispiel nicht möglich, da die Ausgangsdaten zum Erreichen einer geeigneten Darstellungsgeometrie vorab bearbeitet wurden.

---

[38] https://www.destatis.de/DE/Startseite.html

4.6 Partizipatorisches Mapping

Eine in den letzten Jahren populär gewordene kartographische Technik ist das partizipative Mapping oder Kartieren. Hierbei werden Zeichnungen aus der Erinnerung heraus erstellt, d.h. die Teilnehmer an solchen Events zeichnen die aus ihrer Sicht relevanten Informationen einfach in eine physisch vorhandene Karte ein. Das Endprodukt spiegelt schließlich die Wahrnehmung von Räumen, räumlichen Prozessen und Geschehnissen etc. einer Person bzw. Personengruppe wider.

Die Methoden des partizipativen Kartierens begreifen somit Karten und die Praxis des Kartierens als Instrumente, um räumliches Wissen zu visualisieren und auch neue Wege der Wissensproduktion und Kommunikation zu gehen[39]. Insbesondere im Rahmen von Bürgerbeteiligungsprozessen bei raumplanerischen Fragestellungen und Vorhaben wie z.B. quartiersbezogenen Weiterentwicklungen, Verkehrs- oder Standortplanungen oder auch im Rahmen des Mobilitätsmanagements finden diese Techniken Anwendung. Sketch Maps, mental maps, cognitive maps oder community maps sind hierbei Bezeichnungen für die dabei entstehenden Kartenwerke, die selbstverständlich auch unter Zuhilfenahme von GIS-Tools erstellt werden können.

4.7 Literatur

Dent Borden D., Jeff Torguson & Thomas W. Hodler (2009): Cartography: Thematic Map Design 6th Edition. McGraw-Hill Companies, New York

Hake G., Grünreich D. & Meng L. (2002): Kartographie: Visualisierung raum-zeitlicher Informationen (8. Auflage). De Gruyter Verlag, Berlin

Imhof, E, 1972. Thematische Kartographie.- in: Lehrbuch der Allgemeinen Geographie, Band 10. Berlin - New York: Walter de Gruyter.

Olbrich G., Quick M. & Schweikart J. (2002): Desktop Mapping: Grundlagen und Praxis in Kartographie und GIS. Springer Verlag, Berlin

Ruff, Ariane (2021): Geovisualisierung und thematische Kartographie. In: Fischer-Stabel, P. (Hrsg.): Umweltinformationssysteme – Grundlagen einer angewandten Geoinformatik/GeoIT. 3. Auflage, Wichmann Verlag Berlin und Offenbach

[39] C. Bittner & B. Michel: Partizipatives Kartieren als Praxis einer kritischen Kartographie.- in: J. Wintzer (2018): Sozialraum erforschen: Qualitative Methoden in der Geographie, Springer Spektrum

5 Generative Computergrafik

Die Lernfragen zu diesem Kapitel finden Sie unter:
https://narr.kwaest.io/s/1265

Lernziele

Nach der Durcharbeitung dieses Kapitels sollten Sie

- zentrale Einsatzbereiche der generativen Computergrafik kennen,
- einen Überblick über die verschiedenen geometrischen Modellierungsmethoden haben,
- die Komplexität der Erstellung realitätsnaher 3D-Szenen einschätzen können,
- Möglichkeiten und Grenzen der Erstellung realitätsnaher Computergrafiken kennen, sowie
- wesentliche Schritte bei der Erstellung von 3D-Stadtmodellen aus LiDAR-generierten Punktwolken benennen können (Anwendungsbeispiel).

Die generative Computergrafik befasst sich unter anderem mit computergestützter Visualisierung numerischer Daten für beliebige Objekte (z.B. der in den vorhergehenden Kapiteln besprochenen Diagrammtechnik, der Erstellung von Kartenwerken etc.). Dabei werden umfangreiche numerische Datenbestände (z.B. aus Datenbanken, Messnetzen) mit Hilfe grafischer Darstellungsmethoden (z.B. Bilder, Diagramme, Zeichnungen) so dargestellt, dass die in den Dateien enthaltenen Informationen in Form von künstlich erzeugten Bildern für den Anwender rasch erkennbar sind. Dabei können einzelne Objekte (Segmente) leicht transformiert werden (Skalierung, Translation etc.).

Die grafische Darstellung muss dabei so konzipiert sein, dass die hinter den numerischen Daten stehenden Informationen in der Grafik spontan wahrgenommen und im gewünschten (richtigen) Sinne verstanden werden (visuelle Perzeption; Erfassung des relevanten Sachverhalts mit einem Blick). Beispiele hierfür sind SVG-Elemente, CAD-Objekte, Geo-Daten (GIS), Zeichnungen, Business-Charts etc.

Auf dem Gebiet der generativen Computergrafik können im Rahmen der 2D- bzw. 3D-Modellierung aber auch Objekte erstellt, im Raum platziert und bei Bedarf auch animiert werden. Eine Menge von 3D-Objekten, welche so in einem gedachten Würfel platziert sind, nennen wir dabei **Szene**. Deren 2D-Darstellung am Monitor zeigt dabei diese Szene, wie sie ein Betrachter von einem bestimmten Punkt aus wahrnehmen kann (z.B. Perspektivprojektion).

5.1 Geometrische Modellierung

Sowohl in der Computergrafik als auch am Arbeitsplatz des Ingenieurs oder Wissenschaftlers spielt die 3D-Modellierung mittlerweile eine bedeutende Rolle. Hierbei werden Objekte rechnerintern erzeugt und mithilfe weiterer Techniken (z.B. Beleuchtungs- und Reflexionsmodell, Textur) möglichst realitätsnah repräsentiert. Diese Vorgehensweise ermöglicht die Betrachtung von Objekten aus beliebigen Blickwinkeln, ohne dass sich die Repräsentation der Objekte ändert. Grundsätzlich wird hierbei per **Rendering**[40] eine **3D-Szene** dargestellt (bzw. ein Bild einer solchen 3D-Szene). Die zentrale Frage hierbei lautet: Wie erfolgt die Beschreibung der Szene?

In der virtuellen Welt werden Objekte als Abbild realer Objekte wie Architektur, Objekte des täglichen Lebens, Maschinen etc. nachgebildet. Dabei besitzen diese Objekte bestimmte Oberflächeneigenschaften (z.B. eben, uneben), Volumenobjekte eine innere Struktur, realitätsnahe Objekte wie z.B. Wolken besitzen Fraktale (= natürliche/künstliche/geometrische Muster) etc.

Definition **Geometrische Modellierung:** Vorgang als auch Methoden und geeignete Strukturen zur Beschreibung der Form und der Position geometrischer Objekte in Computeranwendungen.

Die Beschreibung einer 3D-Szene setzt sich dabei grundsätzlich zusammen aus der Szenen-Beschreibung (Graph-Form mit Objekten – 1D, 2D, 3D; Objekt-Attributen), aus Transformationen, der Beleuchtung sowie der Kameraposition.

Die geometrische Modellierung kann dabei als interaktiver Vorgang am Rechner (z.B. in der Produktentwicklung), aber auch automatisiert durch z.B. 3D-Scanner (z.B. Architektur), Motion Capturing (z.B. Medizin, Computerspiele), Vermessungsverfahren (z.B. Geodäsie, Photogrammetrie), künstlich erzeugte Daten (z.B. Simulation) oder durch Ableitung geometrischer Modelle über die Bildanalyse aus Rastergrafiken (Foto, Video) erfolgen.

[40] Rendering bedeutet das Erzeugen eines Bildes aus einem Modell, Rohdaten etc. mithilfe eines Rechners (Bildsynthese)

5.1.1 Objekte in der Szene

Objekte einer Szene werden prinzipiell aus den vorhandenen grafischen Primitiven zusammengesetzt. Beispiele 2-dimensionaler Primitiva bei der geometrischen Modellierung sind Linien, Linienzüge, Polygone (Dreiecke, Vierecke etc.), aber auch Freiformkurven (z.B. Bézier-Kurven, B-Splines, NURBS). Beispiele 3-dimensionaler Primitiva sind z.B. alle 2D-Primitiven, Grundkörper wie Kugel, Quader, Zylinder, Kegel, Zylinder, Torus und Pyramide sowie Freiformflächen.

Die Bildung von komplexen Geometrien erfolgt dabei durch hierarchische Konstruktion, zum Beispiel Punkte begrenzen Kanten, Kanten begrenzen Flächen, Flächen begrenzen Körper.

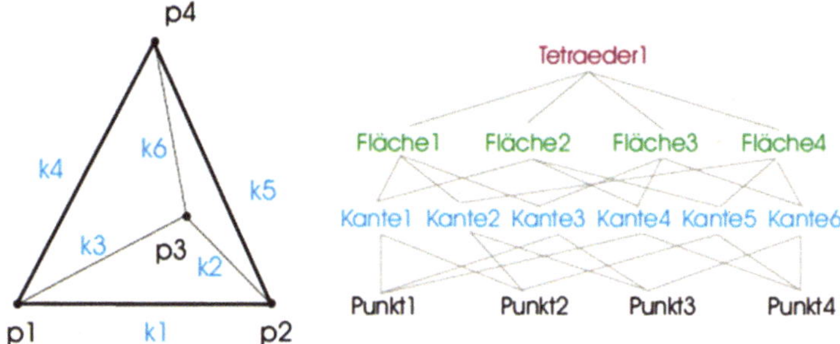

Abb. 38: Konstruktion komplexer Objekte aus grafischen Primitiven

Das Arbeiten mit geometrischen Modellen basiert auf der Ausführung von Transformationen von Punkten, d.h. der Abbildung auf neue Koordinaten. Eine Transformation komplexer Objekte erfolgt so durch die Transformation der sie beschreibenden Punkte. Klassische Transformationsfunktionen hierbei sind:

- Translation: Verschiebung in eine bestimmte Richtung
- Skalierung: Vergrößerung oder Verkleinerung um einen bestimmten Faktor; Spezialfall Spiegelung mit Faktor -1
- Rotation: Drehung bzgl. bestimmter Achse um einen bestimmten Winkel
- Scherung: Verformung entlang einer bestimmten Achse um einen definierten Faktor

5.2 Modellierungsmethoden

Geometrische Modellierungsmethoden fassen verschiedene Beschreibungsmittel, insbesondere Datenstrukturen und Operationen, für geometrische Objekte zusammen. Nachfolgend sind einige Methoden aufgelistet:

- Kantenmodelle (wire frames): Darstellung eines Objektes nur durch die begrenzenden Kanten.

- Flächenmodelle (polygon meshes): Definieren Objekte durch die Kombination von analytischen oder approximierenden Oberflächen (z.B. Bézier, Coons- oder Splineflächen). Es erfolgt eine direkte Zuordnung von Kanten zu Flächen. Volumen oder Massenberechnungen werden i.d.R. nicht unterstützt.
- Volumenmodelle (solid modeling): Objekte besitzen ein definiertes Volumen sowie geometrische und physikalische Eigenschaften. Die generierten Objekte sind vollständig beschrieben und eindeutig.

5.2.1 Kantenmodelle

Kantenmodelle bzw. Drahtmodelle modellieren 2D- oder 3D- Objekte allein durch Umrisskanten. In der Grundform enthalten sie keine Informationen über Flächen oder Volumen und sind deshalb unbrauchbar für die Schnittbildung.

- Vorteil: sehr einfaches und deshalb effizientes Modell
- Nachteil: Kantenmodelle sind mehrdeutig und schwer verifizierbar, da keine Information darüber codiert wird, welche Flächen (und damit indirekt Volumen) die Kanten begrenzen.

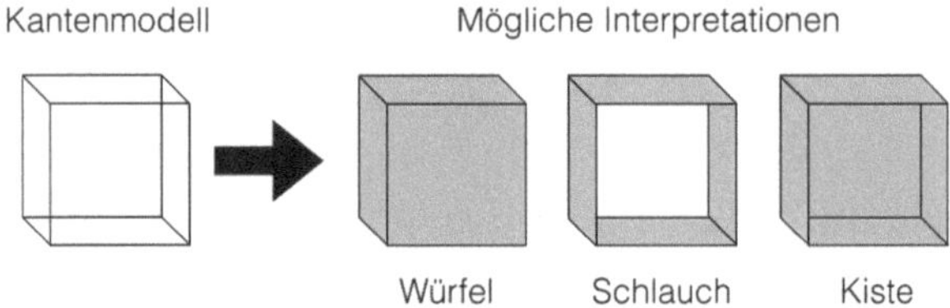

Abb. 39: Mögliche Interpretation eines Würfels im Kantenmodell

5.2.2 Flächenmodelle

Oberflächenmodelle beschreiben nur die sichtbaren Teile von 3D-Objekten und lassen das Innere unberücksichtigt. Die Art, wie die Oberfläche mit den Mitteln der Geometrie dargestellt wird, ist hier ein wesentliches Unterscheidungskriterium. Körper werden durch Oberflächennetze abgebildet, nichtebene Flächen werden mittels ebener Flächenstücke approximiert.

Die Darstellung eines 3D-Objektes erfolgt dabei durch die es begrenzenden Flächen (beliebige Polygone, Freiformflächen). Flächenmodelle erlauben so eine indirekte Modellierung von Körpern durch die Beschreibung der die Körper abschließenden Flächen.

Die Boundary Representation (b-rep oder brep) ist eine Darstellungsform eines Flächenmodells, die begrenzende Oberflächenteile eines Körpers und ihre Lage zueinander topologisch beschreibt. Sie stellt die Grundlage vieler aktueller Grafik-Software dar. Vor allem wird diese Art der Modellierung in CAD-Systemen erfolgreich eingesetzt.

Hierarchische Grundstrukturen zum Aufbau eines Körpers sind dabei:

- Schale (Shell): die Menge zusammenhängender Flächen, die einen Körper begrenzen
- Flächen (Face, Facettes) sind begrenzt durch deren Konturen
- Konturen (Loops): abgeschlossene Folgen von Kanten
- Kanten (Edges): durch Punkte begrenzte Linien oder geführte Kurven
- Punkte (Vertexes, Vertices) haben Koordinaten im 3-dimensionalen Raum

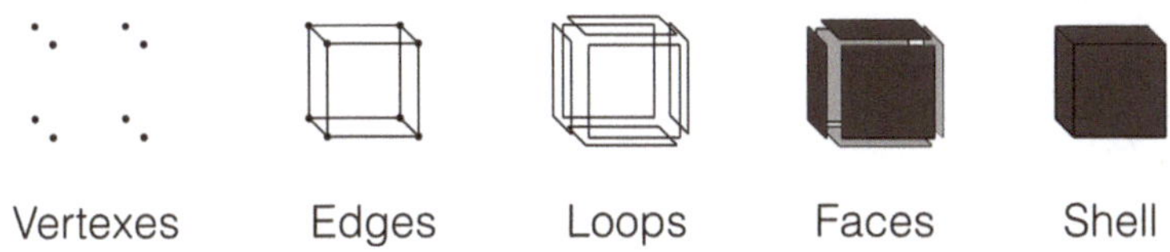

Abb. 40: Beschreibung eines Würfels im Flächenmodell

Der Objektaufbau kann dabei als Datenstruktur in Listen und Tabellen verwaltet werden (Knoten-, Kanten-, Flächen-, Volumenliste).

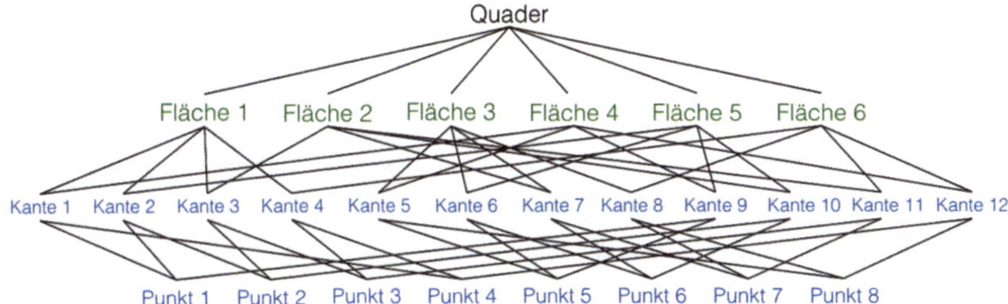

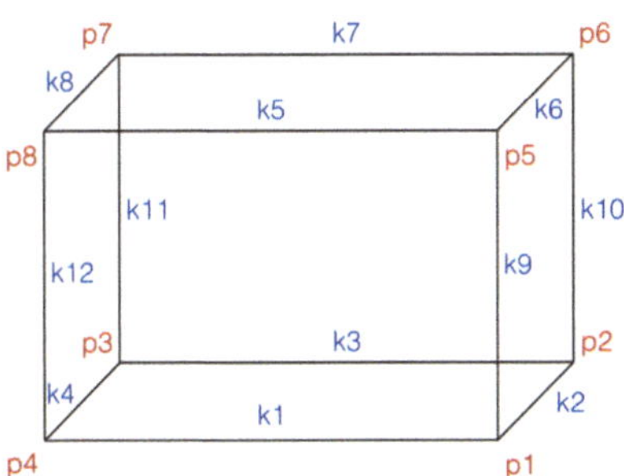

Abb. 41: Objektaufbau als Baumstruktur

Körper	Fläche
1	1 2 3 4 5 6

Fläche	Kante 1	Kante 2	Kante 3	Kante 4
1	1	2	3	4
2	3	7	10	11
3	5	6	7	8
4	1	5	9	12
5	2	6	9	10
6	4	8	11	12

Punkt	x	y	z
1			
2			
3			
4			
5			
6			
7			
8			

Kante	Punkt 1	Punkt 2
1	1	4
2	1	2
3	2	3
4	3	4
5	5	8
6	5	6
7	6	7
8	7	8
9	1	5
10	2	6
11	3	7
12	4	8

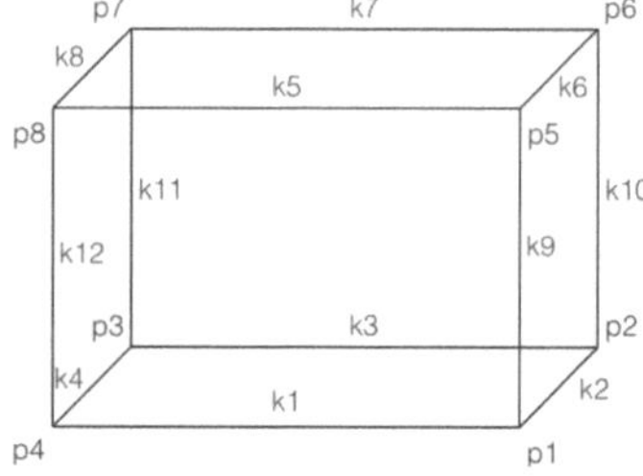

Abb. 42: Verwaltung des Objektaufbaus in Tabellen

5.2.3 Volumenmodelle

Volumenmodelle beschreiben 3D-Objekte durch die räumliche Zusammensetzung einzelner Teilvolumen. Volumenmodelle besitzen dabei den Vorteil, dass innenliegende Strukturen bei der Modellierung – im Gegensatz zu den vorgenannten Modellierungsmethoden – ebenfalls berücksichtigt werden.

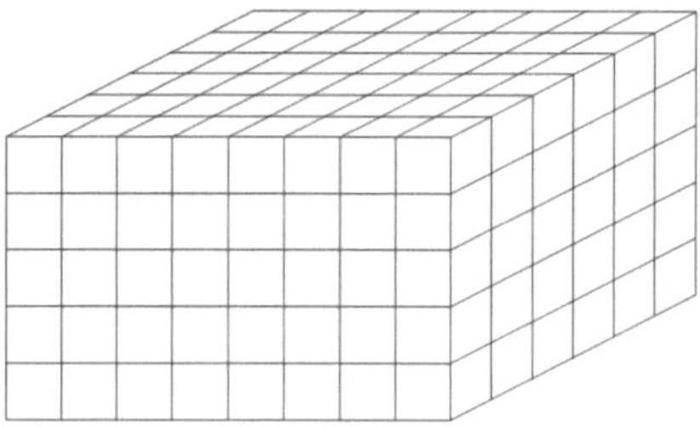

Abb. 43: Voxel-Modell

Eine Methode basiert dabei auf dem Voxel-Modell. Hierbei erfolgt eine Zerlegung von Körpern in Voxel (in Anlehnung an den 2D-Begriff Pixel (picture element) wird in 3D der Würfel als Voxel (volume element) bezeichnet) eines raum-zerlegenden Volumenrasters. Für jeden Punkt des dreidimensionalen Pixelraumes (Voxel) wird festgehalten, ob der Punkt in einem Körper liegt und wenn ja in welchem. In diesem Modell sind Boolesche Operationen und die visuelle Darstellung sehr einfach. Nachteil ist der große Speicherbedarf.

Zur Lösung dieses Problems benutzt man eine Darstellung durch Octrees. Hier wird der betrachtete Raum, ein Würfel, jeweils rekursiv in 8 Oktanten unterteilt. Dies geschieht so lange, bis entweder der betrachtete Oktant ganz gefüllt ist oder ganz leer ist oder die maximale Tiefe erreicht ist.

5.3 Oberflächeneigenschaften

Bisher haben wir lediglich die Darstellung der Geometrie eines Objektes betrachtet. Dessen Darstellung und Aussehen ist aber maßgeblich durch die Oberfläche geprägt. Diese können wir über unterschiedliche, nachfolgend kurz skizzierte, Möglichkeiten gestalten:

- **Farbe**: Zuweisung einer konkreten Farbe für eine Oberfläche. Da durch eine Transparenz-Komponente auch die Möglichkeit besteht, verschiedenfarbige Bildpunkte wie in einem Malkasten zu mischen, wird diese Information ebenfalls mitgeführt (Alpha Blending)
- **Textur**: Objekte, die lediglich mit einer einfachen Farbzuweisung gerendert wurden, besitzen monotone Farbverläufe und erscheinen deshalb in der Regel künstlich. Reale Oberflächen wie z.B. Rasen, Holzbretter, Früchte etc. besitzen fast immer eine regelmäßige oder unregelmäßige Struktur, die auch als Textur bezeichnet wird. Alternativ zur Modellierung mittels einer einheitlichen Farbe kann die sichtbare Oberfläche also auch zusätzlich durch ein Muster (z.B. aus einer Pixelgrafik-Datei) beschrieben werden. Ein klassisches Beispiel für eine Textur ist ein normales Foto, welches auf ein Polygonnetz gemappt wird. Diese Technik ist auch als Foto-Texture Mapping bzw. Image Texturing bekannt.
- **Struktur**: Viele weitere Anwendungen von Texturen wurden zwischenzeitlich entwickelt, um die Struktur von Oberflächen möglichst realistisch darstellen zu können. Glanz-Texturen (Gloss Map), Umgebungs-Texturen (Environment Maps) oder auch Relief-Texturen kommen hierbei zu Einsatz, um nur einige wenige zu nennen. So können bspw. beim Bump-Mapping unabhängig von der Geometrie „kleinere Unebenheiten“ als Eigenschaften der Oberfläche modelliert werden, vergleichbar einer „Textur mit Höheninformationen“.

5.4 Bildsynthese (Rendering)

Das eigentliche Ziel der interaktiven 3D-Computergrafik stellt bekanntermaßen die Generierung eines Farbbildes am Bildschirmfenster dar. Unter der Bildsynthese bzw. dem Rendering verstehen wir somit den Prozess zur Erzeugung eines Bildes aus den eigentlichen Daten bzw. aus der aktuellen Szene. Hierbei müssen verschiedene Aufgaben gelöst werden:

- Beleuchtung: Die Berechnung der Lichtverteilung innerhalb der Szene, die sich unter anderem durch die indirekte Beleuchtung zwischen Körpern äußert. Zur Erzeugung möglichst wirklichkeitsnaher Bilder wird eine Vorschrift zur Berechnung der Farb- und Grauwerte der einzelnen Bildpunkte (= Beleuchtungsmodell) benötigt. In einem solchen Modell werden die Einflüsse der Lichtquellen (Lage, Größe, Stärke, spektrale Zusammensetzung) sowie der Oberflächenbeschaffenheit (Geometrie, Reflexionseigenschaften) auf die Farbe eines Bildpunktes erfasst (z.B. lokale Beleuchtungsmodelle, Raytracing, Radiosity).
- Sichtbarkeitsberechnung: Eine fotorealistische Bildqualität setzt die korrekte Ermittlung der von der Position des Betrachters aus sichtbaren Bildteile und die Beseitigung der unsichtbaren Bildteile voraus (Hidden Line/Hidden Surface-Algorithmen). Daneben erfolgt eine Beseitigung der Rückseiten undurchsichtiger Körper, da diese unsichtbar sind (Backface Culling). Da letztgenannte große Bereiche einer Szene ausmachen können (bis zur Hälfte der vorkommenden Flächen), werden sie vor Beginn der Visibilitätsberechnungen identifiziert und von der weiteren Betrachtung ausgeschlossen. Der Hauptzweck dieses sogenannten Backface Cullings besteht darin, die Anzahl der Flächen für die nachfolgenden Bearbeitungsschritte (insbesondere das Shading) zu minimieren.
- Window-Viewport-Transformationen: an einem Fenster (window) wird die außerhalb liegender Information abgeschnitten (clipping).
- Shading: Simulation des Aussehens von Oberflächen, beeinflusst durch deren Materialeigenschaften.

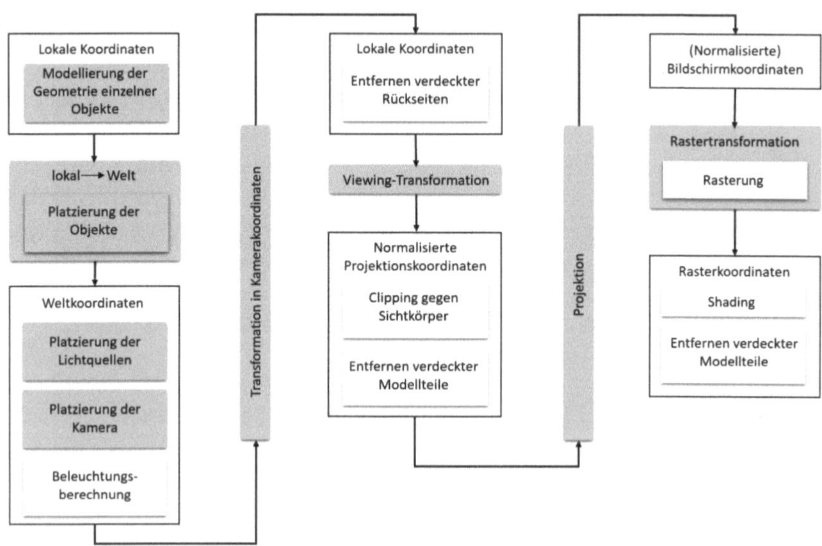

Abb. 44: Zusammensetzung der Rendering-Pipeline

Vorstehende Abbildung zeigt in Anlehnung an [41] den komplexen Workflow der Rendering-Pipeline ausgehend von der geometrischen Modellierung einzelner Objekte bis hin zur eigentlichen Bilderzeugung am Ende des Prozesses.

Weitergehende Informationen zur Theorie der geometrischen Modellierung, zur Beschreibung ausgewählter Algorithmen der Computergrafik und zu Methoden der Erzeugung realitätsnaher Szenen können der genannten weiterführenden Literatur entnommen werden.

5.5 Anwendungsbeispiel: 3D-Stadtmodelle

Insbesondere Stadt- und Raumplanung und Anwendungen im Umweltbereich, zunehmend aber auch cyber-physische Applikationen wie z.B. roomscale VR-Anwendungen (siehe Kapitel 7), nutzen geodaten-basierte Gelände- und Oberflächenmodelle, um eine möglichst realitätsnahe Arbeits- bzw. Spielumgebung modellieren zu können.

Häufig werden diese aus Daten des Airborne Laser Scanning (ALS; auch als LiDAR-Technik (Light Detection and Ranging) bezeichnet) abgeleitet und sind als Gebäude- (Qualität: LoD2) oder. hochaufgelöste Geländemodelle mittlerweile als Standardprodukte der Landesvermessung – zumindest in Deutschland – fast flächendeckend verfügbar. Dabei können hochaufgelöste Gebäude- oder Stadtmodelle mit einem hohen geometrischen Detailgrad sowohl aus den ALS-Rohdaten (i.A. Punktwolken) als auch durch eine Optimierung bereits vorprozessierter Modelle entwickelt werden, wie nachfolgend beschrieben.

5.5.1 Airborne Laser Scanning (ALS)

Je nach Bedarf an 3D-Modellen wird das Gelände- bzw. Oberflächenmodell einer Region von Interesse auf unterschiedliche Art und Weise erzeugt. Bildflüge zur Erstellung von digitalen Luftbildern, die Ableitung vorhandener Detailinformationen aus amtlich anerkannten Datengrundlagen zum Gebäudebestand (Gebäudegrundrisse, automatisierte Liegenschaftskarten), aber auch insbesondere fernerkundungsbasierte Verfahren wie Sonarsysteme, Luftbild-Photogrammetrie, Radar-Interferometrie und Laser-Scanning können dabei als Lieferant für 3D-Informationen dienen.

Insbesondere das flugzeuggetragene Laser-Scanning liefert hierbei flächendeckende Informationen, die in diesem Detailgrad eine nie dagewesene Datengrundlage für raumbezogene Analysen sowie geometrische Modelle vom Gebäudebestand einer Siedlung liefern können (Höhengenauigkeit ca. 10-30 cm). Einen ersten Eindruck über laufende Aktivitäten auf dem Gebiet der flächendeckenden Modellierung des Gebäudebestandes kann der Leser in der Anwendung RLP in

---

[41] Schlechtweg Stefan, http://www.mttcs.org/Skripte/Pra/Material/vorlesung4.pdf (letzter Aufruf: 30.4.2018)

3D[42] des Landesamtes für Vermessung und Geobasisinformation Rheinland-Pfalz gewinnen.

Abb. 45: Fernerkundungsbasierte Ableitung eines 3D-Geländemodells des Vesuvs (Italien)[43]

Das flugzeuggestützte Messen mithilfe von Laserlicht ist dabei eine Methode, die Entfernung des Geländes zum Flugzeug direkt zu bestimmen. Die Messgeräte (Laserscanner) sind in der vegetationsarmen Zeit in der Lage, Wald- und Krautschichten weitestgehend zu durchdringen. Zusätzlich zu den Objekthöhen des Bewuchses und den Gebäuden werden auf diesem Wege durch Auswertung der Signallaufzeiten bzw. der Phaseninformation auch die Geländehöhen erfasst. Das Ergebnis ist ein flächenhaftes dreidimensionales Abbild der Erdoberfläche.

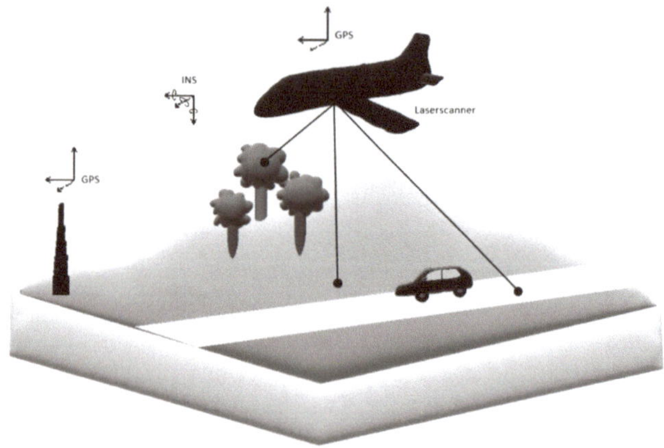

Abb. 46: Funktionsprinzip Airborne Laser Scanning (ALS)

42 http://www.rheinland-pfalz-in-3d.rlp.de/

43 Datenquelle: Osservatorio Vesuviano http://www.ov.ingv.it/ov/

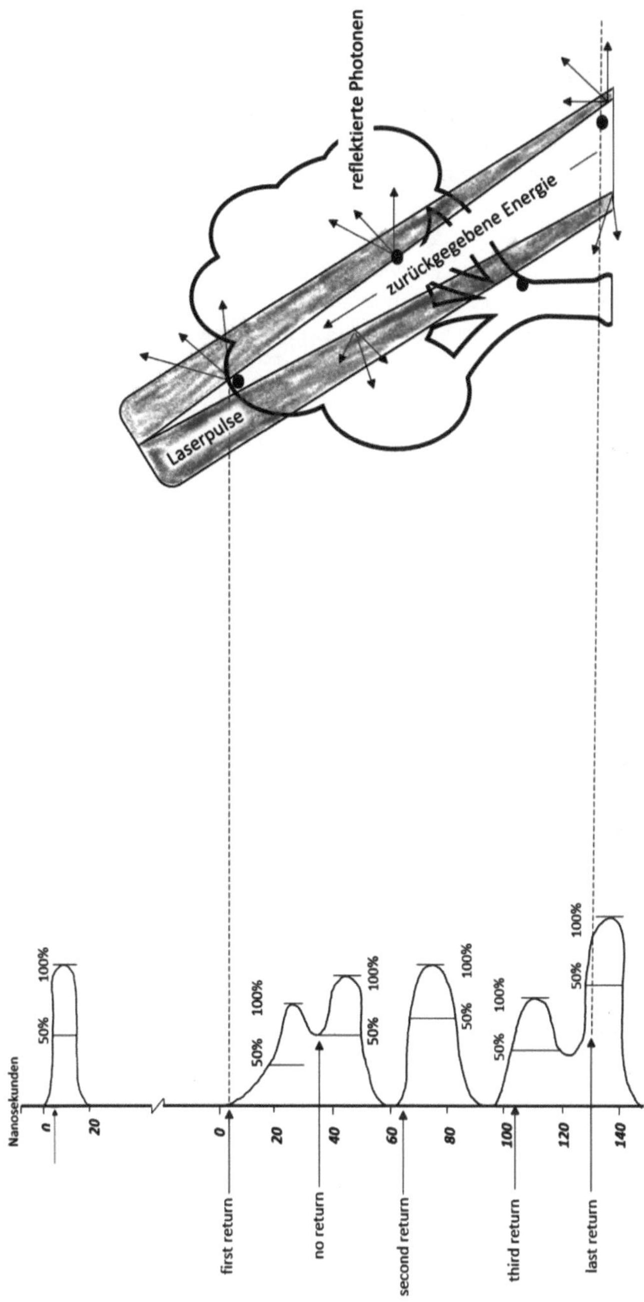

Abb. 47: Signal-Laufzeit in Abhängigkeit von der Oberflächenbedeckung

Um die genauen georeferenzierten Koordinaten (Länge, Breite und Höhe) eines von einem Laserimpuls erfassten Oberflächenpunktes bestimmen zu können, wird die Position des Flugzeugs durch GNSS (Global Navigation Satellite System) bestimmt. Weiterhin registriert ein Inertiales Navigations-System (INS) die Roll-, Nick- und Gierwinkel des Flugzeugs und somit auch die Richtung der Messung (Richtungsvektoren). Um ein möglichst gleichmäßiges und flächiges Punktemuster erfassen zu können, werden je nach Hersteller mittlerweile bis zu 300.000 Laserimpulse pro Sekunde aufeinander folgend gesendet und empfangen. Dazu wird der Laserstrahl immer wieder quer zur Flugrichtung geschwenkt und über die Erdoberfläche geführt. In Kombination mit der Bewegung des Flugzeugs entstehen auf diese Weise Streifen von Geländehöhenwerten mit einer Messpunktdichte von bis zu 50 Punkten pro m^2 auf der Erdoberfläche.

Da die gesendeten Signale in Abhängigkeit von der Höhe von Objekten an der Erdoberfläche (z.B. Vegetation) unterschiedliche Signallaufzeiten haben, besteht die Möglichkeit, durch eine Auswertung letzterer auch über die Geländeoberkante (Last-Pulse-Auswertung) hinausgehende Informationen zu Phänomena auf der Erdoberfläche gewinnen zu können (vgl. vorstehende Abbildung 47, verändert nach [44]). Dabei stecken die Analyse und Auswertung des Informationsgehaltes der ungefilterten Rohdaten noch in den Kinderschuhen. Gerade hier ist bei Anwendung entsprechender Auswertemethoden aber ein hoher Informationsgewinn zu erwarten[45].

5.5.1.1 Begriffsklärung Level of Detail (LoD)

Abb. 48: Vergleich der Detailstufen im LoD-Konzept (LoD1 – LoD3)

Als Level of Detail (LOD) werden die verschiedenen Detailstufen bei der Darstellung virtueller Welten z.B. von Gebäuden bezeichnet. Insbesondere im Bereich der virtuellen dreidimensionalen Landschafts- und Stadtmodelle werden LoD-Konzepte eingesetzt, wobei für die Modellierungssprache CityGML folgende Detailstufen beschrieben wurden:

---

[44] https://cloud.sdsc.edu/v1/AUTH_opentopography/www/shortcourses/16UNAVCO/16UNAVCO_Crosby_introALS_TLS.pdf (letzter Aufruf: 30.4.2018)

[45] Hill, Jürgen (2016): mündl. Mitteilung zur künftigen Bedeutung von Daten des Laser-Scannings in der Vegetationsforschung; Umwelt-Campus Birkenfeld, 22. September 2016

- LoD 0: Regionalmodell, Geländemodell mit Luftbildtextur
- LoD 1: Klötzchenmodell, Gebäudeblock (einfaches Extrudieren der Grundfläche)
- LoD 2: grobes 3D-Modell der Außenhülle mit standardisierten Dachstrukturen und einfachen Texturen
- LoD 3: Architekturmodell, realitätsnahes 3D-Modell der Außenhülle (z.B. Dachformen, Fenster, Höhen) mit Textur
- LoD 4: Innenraummodell, 3D-Modell des Gebäudes mit Etagen, Innenräumen etc. und Texturen

5.5.1.2 ALS-Datenprodukt Punktwolke

Die Messwerte der Befliegungskampagnen können dabei als Rohdaten getrennt nach Bodenpunkten (*.grd) und Nichtbodenpunkten (*.veg), als unregelmäßig verteilte Oberflächendaten separiert nach Gebäuden (*.kub), Brücken (*.bru) und restlicher Vegetation (*.vge), sowie als rasterpunktebasiertes Digitales Geländemodell (z.B. DGM1 mit einer Punktdichte von 1 Pkt./ m^2 und einer Höhengenauigkeit von ca. 0,1–0,2 m) oder als digitales Oberflächenmodell (DOM: Modell der Höhen und Formen der Erdoberfläche und der darauf befindlichen Objekte wie z. B. Vegetation und Bauwerke) bezogen werden.

Dabei ist beim DGM die Höhengenauigkeit der Gitterpunkte vom Gelände abhängig:

- wenig geneigtes Gelände mit geringem Bewuchs: Höhengenauigkeit < 0,15 m
- stark geneigtes Gelände mit geringem Bewuchs: Höhengenauigkeit < 0,3 m
- flach bis wenig geneigtes Gelände mit starkem Bewuchs: Höhengenauigkeit < 0,4 m.

5.5.1.3 LAS-Datenset

Das LAS-Dateiformat (= Log Ascii Standard) als weiteres relevantes Datenformat im Umfeld des Laser-Scannings ist –generisch gesehen – ein offenes Dateiformat für den Austausch von dreidimensionalen Punktwolkendaten. Ursprünglich für den Austausch von Lidarpunkt-Cloud-Daten entwickelt, kann ein LAS-Datenset auch Verweise auf Feature-Classes enthalten, in denen Oberflächeneigenschaften abgebildet sind. Als binäres Dateiformat ist es eine leistungsfähige Alternative zu einem generischen Datenaustausch im ASCII-Format, bei dem die Lidar-Daten spezifischen Informationen verloren gehen.[46],[47]

---

[46] https://www.asprs.org/committee-general/laser-las-file-format-exchange-activities.html

[47] http://desktop.arcgis.com/de/arcmap/10.3/manage-data/las-dataset/what-is-a-las-dataset-.htm

5.5.1.4 CityGML

Durch die Verfügbarkeit geeigneter Prozessierungsketten und Austauschformate werden von den deutschen Vermessungsverwaltungen mittlerweile auch weitere, aus den ALS-Daten abgeleitete Produkte zur weiteren Verwendung in der Geoinformationswirtschaft vertrieben. Insbesondere die Gebäudegeometrien in einer LoD2-Qualität sind hierbei für viele Anwendungsbereiche nützlich. Einen Eindruck über die Art und Qualität dieser Gebäudedaten liefert z.B. die Anwendung „Rheinland-Pfalz in 3D“[48] des Landesamtes für Vermessung und Geobasisinformation Rheinland-Pfalz.

Als Format für den Datenaustausch hat sich im Bereich 3D-Stadtmodelle das Modell CityGML herausgebildet. CityGML ist ein offenes Datenmodell und ein XML-basiertes Format für die Speicherung und den Austausch virtueller 3D-Stadtmodelle[49]. Es handelt sich um ein Anwendungsschema für die Geographic Markup Language Version 3.1.1 (GML3), den erweiterbaren internationalen Standard für den räumlichen Datenaustausch des Open Geospatial Consortium (OGC) und der ISO TC211.

Ziel der Entwicklung von CityGML ist es, eine gemeinsame Definition der Grundentitäten, Attribute und Relationen eines 3D-Stadtmodells zu erreichen. Dies ist besonders wichtig in Bezug auf das nachhaltige Management von 3D-Stadtmodellen, welches eine Wiederverwendung der gleichen Daten in unterschiedlichen Anwendungsfeldern ermöglicht.

Modelliert werden Stadt- und Landschaftsobjekte, insbesondere das Gelände, Gebäude, Wasser- und Verkehrsflächen, Vegetation, Stadtmöblierung und Landnutzungen. Jedes Objekt kann in unterschiedlichen Level of Detail vorkommen. Dabei werden neben der Geometrie und dem Aussehen insbesondere auch die Semantik und die Topologie der Objekte beschrieben.

5.5.2 Ableitung eines 3D-Stadtmodells aus ALS-Daten

Mit der Verfügbarkeit von Daten des Airborne Laser-Scannings wurde erstmalig möglich, eine effiziente und flächendeckende Ableitung von hochgenauen Gebäudegeometrien durchzuführen. Während traditionell lediglich Gebäudegrundrisse des Liegenschaftskatasters bzw. die daraus abgeleiteten Klötzchenmodelle als LoD1-Darstellung verfügbar waren (ohne Kenntnis der Gebäudehöhen und Dachformen), können mittlerweile aus den ALS-Daten detailgenaue LoD3-Modelle abgeleitet werden.

Ausgehend von den Daten des Laser-Scanning kann unter Abarbeitung nachfolgend skizzierter Schritte mit einer geeigneten Modellierungs-Software (z.B. ArcGIS, Blender) ein 3D-Stadtmodell generiert werden:

---

[48] http://www.rheinland-pfalz-in-3d.rlp.de/

[49] https://www.citygml.org/

- Schritt 1: Import LoD2-Modell der Gebäude der Region von Interesse (ROI) in unsere Anwendung. Das Modell wird im CityGML-Format z.B. von den Landesvermessungsverwaltungen bereitgestellt. Durch das gewählte Datenformat sind die Flächenpolygone bereits in Gebäudegrundriss, Wände und Dachflächen klassifiziert.
- Schritt 2: Import selektierter LAS-Punktwolken: Um zusätzliche Informationen zur Erstellung eines LoD3-Gebäudebestandes bzw. zur Identifizierung von Klassifikationsfehlern zu erlangen, besteht nun die Möglichkeit, als Gebäudepunkte vorklassifizierte Datenpunkte des LAS-Datenbestandes gefiltert einzulesen und in der aktuellen Szene darzustellen.

Abb. 49: LoD-2-Modell kombiniert mit LAS-Dachpunktdaten

So zeigt die vorstehende Abbildung anhand der Verteilung der Messpunkte sowohl am Burgdach als auch an dem Gebäude nordöstlich der Burg Optimierungsmöglichkeiten bei den Gebäudegeometrien hin zum LoD3-Modell.

- Schritt 3: Optimierung der Gebäude-Geometrien: In dieser Phase modellieren wir die einzelnen Gebäude so, wie dies im Rahmen des geometrischen Modellierens i.d.R. interaktiv durchgeführt wird. Objekte werden mittels der klassischen Grundfunktionen neu erstellt (z.B. Dachgauben), geändert oder auch gelöscht.
- Schritt 4: Um das Stadtmodell realistisch wirken zu lassen, müssen den Gebäudemodellen nun noch Texturen zugeordnet werden. Weiterhin positionieren wir eine Beleuchtungsquelle und wählen eine geeignete Horizontgestaltung, um den artifiziellen Charakter der Szene etwas abzumildern. Schließlich verwenden wir noch ein aktuelles Luftbild, um die Freiflächen zwischen den Gebäuden zu texturieren.

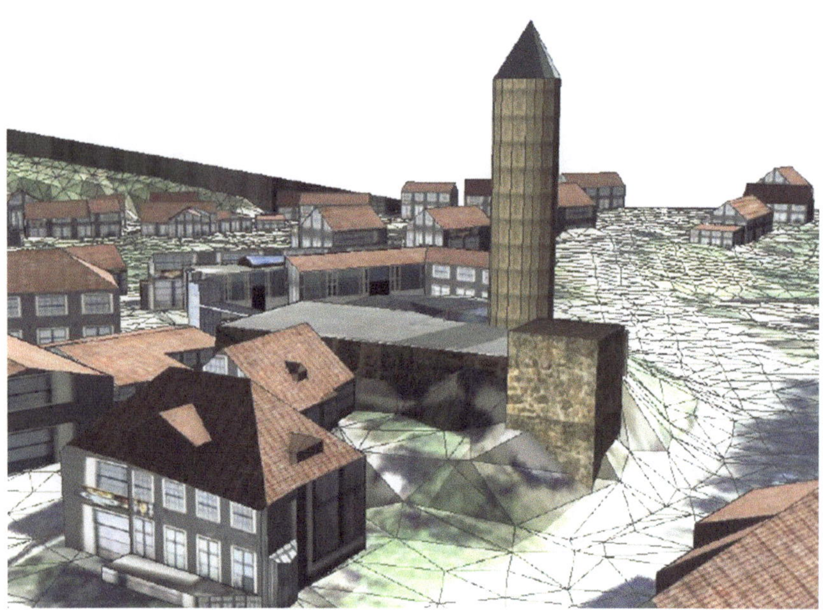

Abb. 50: Finales Stadtmodell mit Textur und Gebäudeöffnungen

5.6 Photogrammetrie

Ein weiteres Verfahren, automatisiert geometrische Modelle von real existierenden Objekten abzuleiten, liefert die Photogrammetrie (Bildmessung). Sie stellt Methoden zur Vermessung von Objekten nach Lage und Form bereit, d.h. geometrische Aspekte stehen im Vordergrund der Bildauswertung (z.B. Messen von Einzelpunkten).

Die Messungen erfolgen dabei nicht direkt am Objekt, sondern indirekt auf Bildern des Objekts. Wir bedienen uns dabei Techniken der Fernerkundung (remote sensing) sowie der Bildanalyse. Nach der Anzahl der verwendeten Bilder werden Verfahren der Einbild-, der Zweibild-Photogrammetrie (Stereo-Photogrammetrie) und der Mehrbildmessung unterschieden.

Zur Durchführung photogrammetrischer Auswertungen sind folgende Hilfsmittel erforderlich:

- Digitale Sensoren, Messkameras bzw. sonstige Abtaster im sichtbaren und nicht-sichtbaren elektromagnetischen Spektrum.
- Gerätetechnik zur Umsetzung der Bildinformation, z.B. digitale Stereoauswertegeräte.
- Mathematische Verfahren zur Bildverarbeitung und -analyse.

5.6.1 Stereophotogrammetrie

Ein klassisches Einsatzgebiet photogrammetrischer Verfahren ist die Luftbildmessung zur Ableitung von z.B. Höheninformation mittels der Stereo-Photogrammetrie. Folgende Eigenschaften sind Luftbildern dabei eigen:

- Standard-Luftbilder sind Aufnahmen, die mit einer senkrecht zur mittleren Geländeebene der Erdoberfläche ausgerichteten Kamera durchgeführt worden sind.
- Das Senkrechtluftbild stellt eine zentralperspektivische Abbildung des Geländes dar. Dies bedeutet, dass alle Geländepunkte ihren entsprechenden Bildpunkten durch gerade Strecken zugeordnet sind. Diese Strecken schneiden sich im Perspektivzentrum (Objektiv der Kamera). (Gegensatz: Parallelprojektion bei Karten).
- Die Zentralprojektion führt zu geometrisch bedingten Reliefverzerrungen und Maßstabsunterschieden in der Bildebene, die zu korrigieren sind.
- Um stereoskopische Auswertungen zu ermöglichen, ist eine Überlappung benachbarter Aufnahmen von mindestens 60% (in Flugrichtung) erforderlich (Stereopaar).

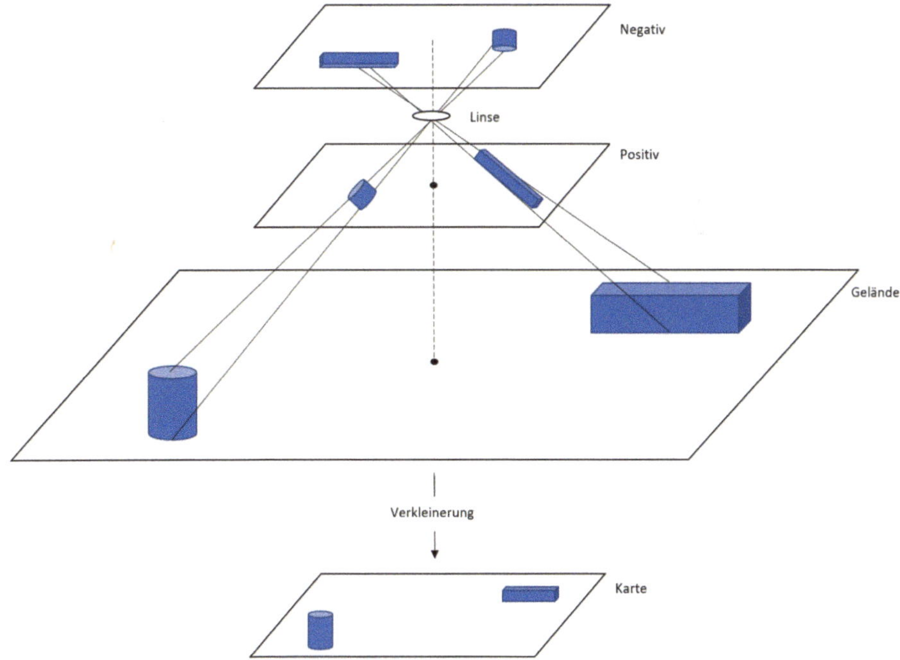

Abb. 51: Zentralperspektivische Abbildung im Luftbild und Parallelprojektion bei der Kartenerstellung

Die Ergebnisse der (stereoskopischen) Luftbildauswertung reichen dabei von der Erstellung entzerrter Luftbilder (Orthofotos) über die Ableitung digitaler Geländemodelle, sowie von 2D/3D-Koordinaten einzelner Landschaftsobjekte, bis hin zu perspektivischen Ansichten der Landschaft.

5.6.2 Multiview-Photogrammetrie

Im Gegensatz zur Luftbild-Photogrammetrie, die große Anforderungen hinsichtlich der erforderlichen Hard- und Software stellt, bietet die aktuell verstärkt nachgefragte Mehrbild-Photogrammetrie ein Methodenset, das auch im Nahbereich bzw. im Office-Umfeld mit einfachem Equipment geometrische Modelle aus Bildinformationen abzuleiten ermöglicht. Die Multiview- oder Mehrbild-Photogrammetrie ist dabei ein Verfahren, bei dem mehrere Fotos eines Objekts oder einer Szene aus verschiedenen Blickwinkeln aufgenommen und analysiert werden, um dreidimensionale Informationen über das Objekt oder die Szene zu extrahieren.

Dieser Prozess nutzt die Prinzipien der Stereovision, welche ähnlich wie das menschliche Sehen Tiefe und Raum wahrnimmt, und in verschiedenen Bereichen wie Kartierung, Vermessung, Architektur, Archäologie und Forensik eingesetzt wird. Nachfolgend ist die prinzipielle Vorgehensweise beschrieben:

- **Datenerfassung**: Vom zu modellierenden Objekt werden viele Fotos aus unterschiedlichen Perspektiven, Winkeln und Positionen gemacht. Diese Fotos müssen überlappende Bereiche haben, damit die Software die gleichen Punkte auf mehreren Bildern identifizieren kann. Beachte: die Software kann nur Objektbereiche rekonstruieren, die auch auf Bildern sichtbar sind (Blind-Zones führen zu Anomalien im Modell)
- **Bildvorverarbeitung**: Die aufgenommenen Bilder werden vorverarbeitet, um die Bildqualität zu verbessern, was die Entfernung von Verzerrungen oder die Anpassung der Ausrichtung umfassen kann.
- **Feature-Erkennung und Matching**: Markante Merkmale in den Bildern (scharfe Kanten, hell/dunkel-Muster, etc.) werden algorithmisch identifiziert. Diese Features werden über mehrere Bilder hinweg zusammengeführt, sodass die Software die Position eines Punktes aus verschiedenen Blickwinkeln verfolgen kann.
- **Triangulation und 3D-Modellierung**: Mit den identifizierten und abgeglichenen Features führt die Software eine Triangulation durch, um die dreidimensionale Position jedes Punktes zu berechnen. Dies basiert auf der Geometrie der Kamerapositionen und den Winkeln, unter denen jedes Feature gesehen wird. Das Ergebnis ist ein Punktwolkenmodell, das die räumliche Anordnung der identifizierten Features darstellt; im Idealfall findet jedes markante Merkmal seinen Platz in der Szene.

- **Texturierung und Modellverfeinerung**: Schließlich wird das 3D-Modell verfeinert und mit Texturen versehen, die von den Originalfotos stammen, um ein detailliertes und realistisches 3D-Modell des Objekts oder der Szene zu erstellen.

Die Qualität und Genauigkeit des erstellten 3D-Modells hängen dabei von mehreren Faktoren ab, einschließlich der Anzahl und Qualität der verwendeten Fotos, der Genauigkeit der Feature-Erkennung und -Matching sowie der Komplexität des abgebildeten Objekts oder Bereichs. Bei der Mehrbild-Photogrammetrie werden je nach Größe und Beschaffenheit des zu scannenden Objekts sowie der erforderlichen Auflösung und Genauigkeit des 3D-Modells verschiedene Aufnahmeplattformen eingesetzt: Fotoapparat bzw. Smartphone-Kamera, Drohnen (UAV´s), Flugzeug und Hubschrauber sowie stationäre und mobile Mapping-Systeme (Fahrzeuge).

Abb. 52: Smartphone-generiertes Modell der Merten-Säule (Ende 3. Jahrhundert), Musée de la Cour d´Or, Metz

Der Charme der Smartphone-Anwendung liegt dabei am Online-Workflow, welcher eine direkte Erzeugung von 3D-Modellen unter Einbeziehung von entsprechenden Cloud-Diensten via Auswerte-App ermöglicht. Einzelne Smartphone-Hersteller haben zusätzlich noch einen LiDAR-Sensor verbaut (z.B. Apple ab iPhone 12Pro). Durch die Kombination von aktivem (LiDAR; siehe auch Kap.

5.5.1) mit passivem Aufnahmeverfahren (Photogrammetrie) vereinen diese Erfassungsgeräte das Beste aus beiden Welten: Schnelligkeit, Zugänglichkeit von Objekten, geringere Verarbeitungszeit, eine hohe Genauigkeit und hohe visuelle Wiedergabetreue.

Als Dateityp findet hierbei häufig das usdz-Format (USD-Datei, Universal Scene Description) als ein Format für Beschreibungen dreidimensionaler (3D) Computergrafiken, bzw. das glTF-Format (Graphic Language Transmission Format) Verwendung.

Während die Bilder im Prinzip mittels einer handelsüblichen Kamera erstellt werden können, wird zur Bildanalyse spezielle Software benötigt. Agisoft MetaShape[50] (früher Photoscan), SF3M[51], Autodesk ReCap, Pix4Dmapper[52] sowie Colmap sind Beispiele entsprechender Softwareprodukte. Überdies existieren auch einige Webservices, welche eine 3D-Objekterzeugung aus geeigneten Bilddaten ermöglichen (z.B. Autodesk 123D Catch[53], Regard3D[54]).

Zentrale Algorithmen bei der Mehrbild-Photogrammetrie bilden dabei die Verfahren Structure from Motion (SfM) und die Methode Multi-View Stereo (MVS). Während beim SfM die dreidimensionale Struktur einer Szene aus einer Reihe von zweidimensionalen Bildern rekonstruiert, verfeinert MVS im Nachgang die durch SfM erzeugte grobe 3D-Struktur des Objektes.

5.7 Haptischer Ausdruck / 3D-Druck

Neben der Präsentation von 3D-Modellen über Monitore oder sonstige Sichtgeräte wie z.B. Head Mounted Displays (HMD‘s) ist deren Ausgabe in Form von haptischen Ausdrucken über 3D-Drucker aufgrund der mittlerweile kostengünstigen Verfügbarkeit dieser Hardware auch im Alltag angekommen. Im Rahmen des Rapid Prototyping lassen sich so auch Ideen handfest realisieren und unter Einsatz geeigneten Materials auch Werkzeuge oder Ersatzteile herstellen.

Als Übergabeformat der Modelldaten an den 3D-Drucker hat sich das STL-Format herausgebildet. Da der 3D-Druck in Ebenen erfolgt, schneidet das Druckprogramm das Modell in Schichten, die dann scheibchenweise aufeinander gedruckt werden. Die Genauigkeit, mit der gedruckt werden kann, die maximale Größe der Objekte sowie die Anzahl der verfügbaren Druckköpfe (Extruder) sind dabei neben anderen Leistungsmerkmalen (z.B. heizbare Basisplatte, Geschwindigkeit) wesentliche Eigenschaften der Hardware.

---

[50] https://www.agisoft.com/

[51] http://sf3mapp.csic.es/

[52] https://www.pix4d.com/product/pix4dmapper-photogrammetry-software/

[53] https://autodesk-123d-catch.de.softonic.com/

[54] http://www.regard3d.org/

Abb. 53: Haptischer Ausdruck der modellierten Reichsburg Trifels, Rheinland-Pfalz (Modell: AG „Entwicklung, Konstruktion und additive Fertigung“, Hochschule Trier

Für den 3D-Druck sind verschiedene Verfahren verfügbar, die sich sowohl in den Kriterien Maßhaltigkeit, mechanische Belastbarkeit, Fertigungsgeschwindigkeit als auch in den Produktionskosten unterscheiden:

- Freiraumverfahren: Bei diesen entsteht das gedruckte 3D Modell schichtweise. Es wird dabei nur an den Stellen Material aufgebracht, wo das Modell entstehen soll. Beispiele für Freiraumverfahren sind:
  - Fused Deposition Modeling (FDM): Objekte werden aus einem geschmolzenen Kunststofffaden (Filament) schichtweise modelliert; preisgünstiges Verfahren für den Massenmarkt.
  - Polyjet- oder Multi Jet Modeling (MJM): Ähnlich einem Tintenstrahldrucker wird mittels Piezo-Druckkopf ein Modell aus lichtempfindlichem Kunststoff (Photo-Polymer) gedruckt. Der Kunststoff wird anschließend mit UV-Beleuchtung ausgehärtet.
- Pulververfahren: Bei diesen Verfahren liegt das Baumaterial im Rohzustand pulverförmig vor. Im Bauraum wird im ersten Schritt jeweils eine Schicht dieses Pulvers aufgetragen und dieses dann im zweiten Schritt mit Hilfe von Bindemittel oder auch durch Einwirkung von Energie (erhöhte Temperatur) gefestigt. Dabei wird das Bindemittel bzw. die Energie nur an den Stellen dem Pulverbett zugeführt, wo das Modell in der jeweiligen Schicht entstehen soll. Danach wird die Bauplattform um eine Schichtstärke abgesenkt und die nächste Pulverschicht wird aufgetragen. Beispiele:
  - Selektives Laser-Sintern (SLS): Ein Werkpulver aus metallischen oder keramischen Substanzen wird mit einem Laser für den Sinterprozess an- bzw. aufgeschmolzen.

  - Color Jet Printing (CJP): Hier werden mit einem Thermotintenstrahl-Druckkopf farbige Bindemittel auf ein gipsartiges Pulverbett (Polymergips) gedruckt, welches schichtweise aufgestockt wird.
- Flüssigverfahren: Diese Typen von 3D-Druckern haben ähnlich dem Pulververfahren eine Art Wanne, die während des Druckprozesses gefüllt wird. Dabei ist das Baumaterial in seiner ursprünglichen Form flüssig. Materialbasis sind, wie auch beim PolyJet- bzw. MultiJet-Verfahren, Photopolymere. Bekanntestes und ältestes Verfahren hier ist die Stereolitographie:
  - Stereolithografie (SLA): Dieses Verfahren arbeitet anstelle eines Druckkopfes ebenfalls mit einem Laser. In einem Kunststoffbad wird das Objekt durch UV-Licht in Ebenen an der Oberfläche ausgehärtet, während es in der Flüssigkeit langsam nach unten sinkt.

5.8 Literatur

Enanacao J., W. Strasser & R. Klein (1996): Graphische Datenverarbeitung 2. Modellierung komplexer Objekte und photorealistische Bilderzeugung. 4.Auflage. Oldenbourg Verlag München Wien

Nischwitz A., M. Fischer, P. Haberäcker & G. Socher (2019): Computergrafik und Bildverarbeitung. Band 1: Computergrafik. 4. Auflage. Vieweg + Teubner Verlag, Wiesbaden

Coors V., C. Andrae & K.-H. Böhm (2016): 3D-Stadtmodelle. Konzepte und Anwendungen mit CityGML. Wichmann Verlag Heidelberg

Luhmann, Thomas (2023): Nahbereichsphotogrammetrie. Grundlagen – Methoden – Beispiele. 5. Auflage. Wichmann Verlag Heidelberg

6 Bildbearbeitung

Die Lernfragen zu diesem Kapitel finden Sie unter:
https://narr.kwaest.io/s/1266

Lernziele

Nach der Durcharbeitung dieses Kapitels sollten Sie

- die Bedeutung der Begriffe Bildbearbeitung und Bildanalyse kennen,
- einen Überblick zu bildgebenden Techniken in unterschiedlichen Anwendungsfeldern haben,
- elementare Operationen zur Manipulation von Bilddaten verstehen und anwenden können,
- eine Vorgehensweise zur Ableitung von Fachinformation mittels Klassifikation von Multispektraldaten nachvollziehen können.

Definition: Unter der Bildbearbeitung verstehen wir Methoden und Techniken zur Veränderung der Darstellung von Bildern mit dem Ziel einer besseren Wahrnehmung des Informationsgehaltes. Bilder (z.B. Fotos, Scans, TV-Bilder, Satellitenbilder) existieren a priori als $n \times m$ Bildpunkte.

Anwendungsbereiche der Bildbearbeitung finden sich beispielsweise in der Industrie (z.B. Qualitätskontrolle), der Prozess-Automation („sehende" Roboter), der Fernerkundung oder der Sicherheitstechnik, oder bei dem autonomen Fahren, um nur einige aktuelle Anwendungsfelder auf dem Gebiet der Ingenieurswissenschaften zu nennen.

Ein anderer großer Produzent von Bildern ist die Medizin, die neben einer Vielzahl an Techniken zur Gewinnung von Bildmaterial (z.B. Computert-Tomografie, Ultraschall, Röntgen etc.) auch interdisziplinär an der Entwicklung von Algorithmen zur Bildverbesserung und Objekterkennung beteiligt ist. Weitere klassische Anwendungsfelder der Bildbe- und -verarbeitung finden sich im Bereich der Medien, dem Dokumentenmanagement (z.B. OCR-Software) oder auch bei der Digitalfotografie u.a. im Freizeitbereich.

Zur Ablage der Bildinformation stehen uns unterschiedliche Dateiformate zur Verfügung:

- RAW-Files: Herstellerspezifische Bildformate, welche die unverarbeitete Information der Sensorik beinhalten, z.B. Nikon Electronic Format (NEF), Canon Raw (CRW, CR2) oder das Digital Negative Format (DNG) von Adobe, welches sich als öffentliches Archivformat für Digitalkamera-Rohdaten etabliert hat.
- Verlustfreie Dateiformate: Erlauben Bilder verlustfrei auch komprimiert abzulegen, z.B. Tagged Image File Format, auch als GeoTIFF verfügbar, welches zusätzlich die Ablage von georeferenzierter Information erlaubt.
- Verlustbehaftete Dateiformate: Erlauben eine starke Kompression. So ist eine Reduktion auf 20%–5% des ursprünglichen Bildumfangs möglich, z.B. Jpeg-Formate.
- Erweiterte Formate: Alle bearbeitungsspezifischen Informationen (Bildebenen, Farbkanäle, Masken etc.) werden abgespeichert; die Dateien sind z.T. recht umfangreich und nicht von allen Bildbearbeitungsprogrammen unterstützt. Bsp.: XCF-Formate (Gimp), PSD-Format (Photoshop Document Format).

Wesentliche Bildcharakteristika sind, wie bereits besprochen, deren geometrische Auflösung (dpi, ppi) sowie die Anzahl der Farbkanäle und die Farbtiefe.

6.1 Datenerfassung Rasterdaten

Rasterdaten werden durch eine Vielzahl bildgebender Verfahren erzeugt, von denen einige wenige nachfolgend kurz erwähnt sind:

Scanner: Programm und Gerät zum Einlesen und Aufbereiten (Digitalisierung) von Texten, Bildern und Grafiken in einem Rechner. Scanner können nach ihrem Anwendungsbereich klassifiziert werden, z.B. Film-Scanner, Dokumenten-Scanner, Bar-Code-Leser, Buch-Scanner etc. Technische Kennzahlen sind u.a. das Abtastverfahren (Punkt, Zeile, Fläche, Durchlicht-, Auflicht-Scanner etc.), der Scan-Bereich, die optische Auflösung und Farbtiefe sowie Scan-Geschwindigkeit und Schnittstellen.

Digitale Fotografie: Die Fotografie unterliegt den physikalischen Gesetzen des Lichts. Maßgeblich sind die Menge des Lichts (Blende) und die Dauer der Belichtung (Verschlusszeit). Ein hoher Blendenwert bedeutet, dass die Blende enger geschlossen ist, wodurch weniger Licht in die Kamera fallen kann. Bei einem niedrigen Blendenwert ist die Blende nahezu offen und lässt viel bis maximal viel Licht in die Kamera fallen. Die Verschlusszeit besagt, wie lange das Licht in die Kamera fallen kann, d.h. wie lange der Verschluss geöffnet ist. Es werden i.d.R. Wellenlängen zwischen 400 nm und 750 nm ausgewertet.

Bei der digitalen Bilderzeugung handelt es sich um eine Bildwandlung, bei der eine Diskretisierung (Zerlegung in Bildpunkte) und Quantisierung (Umwandlung der Farbinformation in einen digitalen Wert) des analogen Bildes durchgeführt wird. Je nach Bauweise des Detektors (Sensors) kann Strahlung unterschiedlicher Wellenlänge nachgewiesen werden.

Technische Kennzahlen von Digitalkameras sind u.a. die Größe und Auflösung des Chips, Kapazität und Schreibgeschwindigkeit des Speichermediums, die Qualität des Objektivs (z.B. Lichtstärke, Brennweite, Zoom), Blendenstufen sowie Einstellungen zur Lichtempfindlichkeit (ISO-Wertebereich), Bildstabilisator, Auslöseverzögerung sowie weitere Zusatzausstattungen.

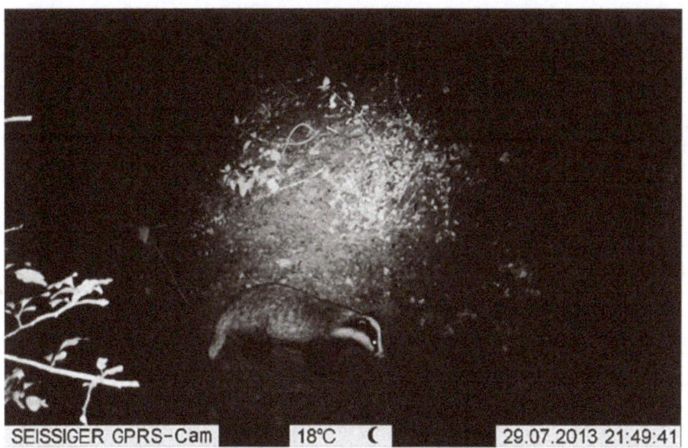

Abb. 54: Nachtaufnahme unter Verwendung einer für das menschliche Auge kaum wahrnehmbaren IR-LED-Ausleuchtung (840 nm Wellenlänge)

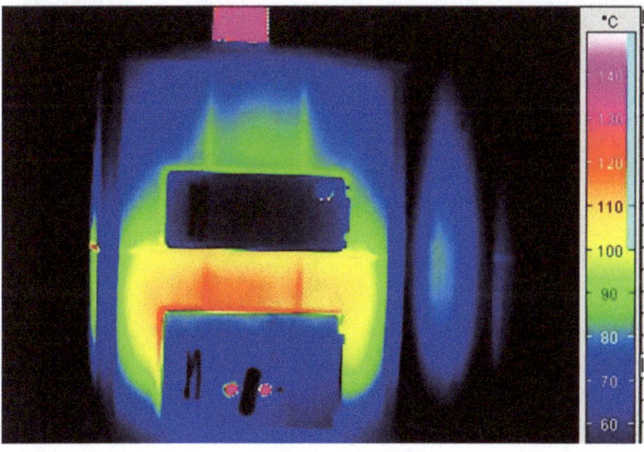

Abb. 55: Thermografie-Aufnahme zur Visualisierung der Temperaturverteilung an einem Grundofen

Thermografie: Die Thermografie macht sich zunutze, dass jeder Köper oberhalb einer Temperatur des absoluten Nullpunktes (0° Kelvin) Wärmestrahlung abgibt. Je höher die Temperatur des Körpers ist, desto mehr Energie strahlt dieser ab. Die Thermografie ist somit ein berührungsloses Messverfahren zum Feststellen von Temperaturunterschieden. Die Kameras funktionieren ähnlich wie eine herkömmliche Videokamera. Sie besitzen jedoch Sensoren, die ausschließlich empfindlich für längerwelliges Licht sind (IR-A: 780 – 1400 nm, IR-B: 1400 – 3000 nm, IR-C: 3000 nm – 1 mm). Technisch wird zwischen gekühlten und ungekühlten Kamerasystemen unterschieden, die Einsatzfelder reichen dabei von der Kältetechnik und der Polarforschung (-120°C – -40°C) bis hin zu einem Temperaturbereich von +1200°C z.B. in der Verbrennungsforschung.

Röntgen: Die medizinische Bildgebung beginnt 1895 mit Wilhelm Konrad Röntgen und der Entdeckung der Röntgenstrahlen (Nobelpreis 1901). Röntgenstrahlen durchdringen den menschlichen Körper und werden von unterschiedlichen Geweben unterschiedlich stark geschwächt. Erste Anwendungen benötigten Bestrahlungszeiten von ca. 20 Minuten. Heute sind Röntgenaufnahmen in Sekundenbruchteilen durchgeführt und gehören wie bekannt zur klinischen Routine[55].

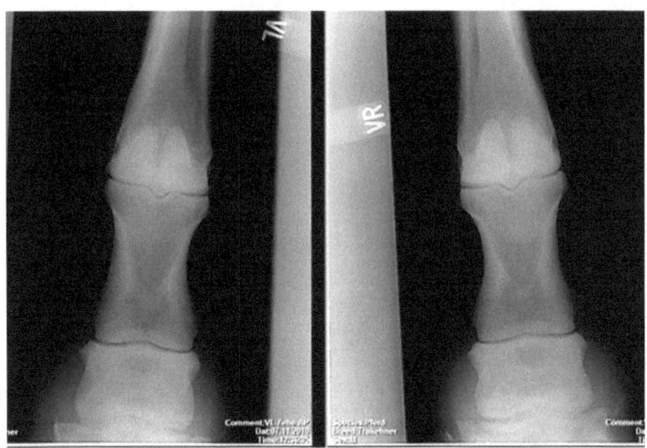

Abb. 56: Röntgenaufnahmen einer Pferdezehe

Ultraschall: (Sonografie, Echolotung) Schall mit Frequenzen oberhalb des Hörfrequenzbereichs des Menschen (Frequenzen ab etwa 16 kHz). Ultraschall wird je nach Material eines Hindernisses an diesem reflektiert, in ihm absorbiert, gestreut oder tritt hindurch (Transmission). In der Medizin ab 1942 zur Erkennung von Gehirntumoren eingesetzt (Sonografie). 3D-Ultraschall gehört heute

[55] Rascher-Frieshausen, Medizinische Bildbearbeitung. [Online] [Zitat vom: 28. 12 2010.] http://www.mevis-research.de/~richard/bremerhaven/current/mbv/handout1.pdf.

zur klinischen Routine. Als Echolotung vor allem in der Hydrografie eingesetzt. Über die Laufzeitmessung eines Schallsignals kann die Wassertiefe errechnet werden.

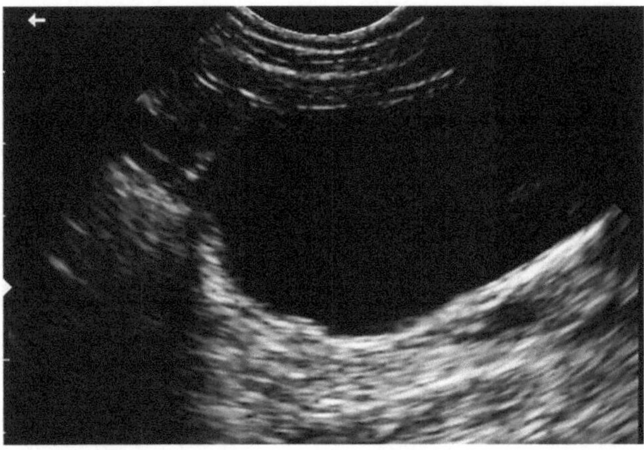

Abb. 57: Ultraschallaufnahme der Blase eines Hundes

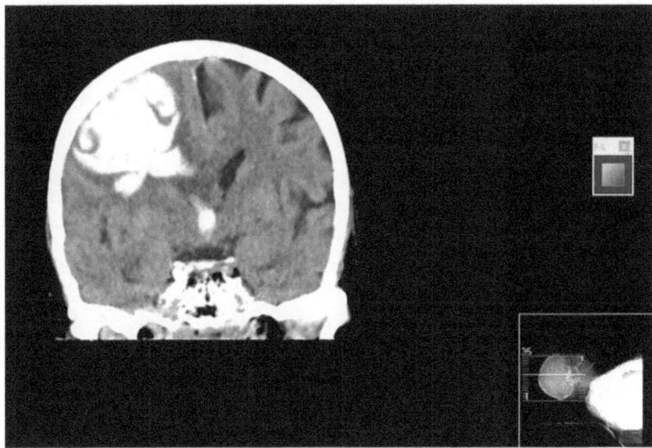

Abb. 58: Beispielaufnahme Computertomografie

Computertomografie (CT): Beginnt im Jahre 1972 mit Arbeiten von Hounsfield und Ambrose. Verwendet Röntgenstrahlen, um Schnittbilder des Körpers zu erzeugen. Ermöglicht quantitative Aussagen (digital). Besitzt eine hohe Auflösung und liefert 3D-Bilder. Gehört zur klinischen Routine. Nobelpreis 1979 für Hounsfield und Cormack (Medizin) "for the development of computer assisted tomography."

Magnetresonanz-Tomografie (MRT): Beginnt ebenfalls 1972. Verwendet magnetische Kernspinresonanz. Erstes Bild eines Wasserröhrchens 1973, erstes Bild einer Maus 1974, erstes Bild eines Fingers 1976 (40 Minuten Aufnahme). Heute Bildgewinnung in Sekundenbruchteilen. Gehört ebenfalls zur klinischen Routine.

Mikroskopie: Zur Betrachtung und Visualisierung von Objekten, welche mit dem bloßen Auge nicht zu betrachten sind, finden Mikroskope in den verschiedensten Wissenschaftsbereichen von der Biologie und Medizin, über Materialwissenschaften bis hin zur Forensik vielfache Anwendungsgebiete. Neben dem klassischen Lichtmikroskop liefert aktuell auch die Elektronenmikroskopie vielfältiges Bildmaterial, welches es zu bearbeiten gilt. Wie bei Lichtmikroskopen ist auch bei Elektronenmikroskopen das Auflösungsvermögen von der verwendeten Wellenlänge abhängig.

Abb. 59: Pollen der Ringelblume (Calendula officinalis), Aufnahme durch Rasterelektronenmikroskop mit freundlicher Genehmigung von S. Trapp, Hochschule Trier

6.2 Workflow der Bildbearbeitung

Unabhängig von den jeweils individuellen und anwendungsspezifischen Erfordernissen bei der Bearbeitung bzw. der Aufbereitung des Bildmaterials existiert ein genereller Workflow der Bildbearbeitung, dessen einzelne Phasen nachfolgend kurz skizziert sind:

- Vorbereitende Arbeiten (falls erforderlich): Bild geradestellen (Transformationen); Rauschen reduzieren (Rauschen = nicht farbkorrekte Bildpunkte ohne

Bezug zum Bildinhalt z.B. bei hoher ISO-Einstellung im dunklen Bildbereich; verschiedene Formen: z.B. Salt & Pepper-Rauschen); Moiré-Muster und Alias-Artefakte entfernen; Beschneidung des Bildes.

- Retusche und Fine-Tuning: Tonwertkorrektur (Belichtungskorrektur, Farbbalance herstellen bzw. Farbstiche korrigieren etc.); Details aus Schatten herausholen; Kontrastverbesserung (z.B. mit Gradationskurven); Retusche, Korrektur der Perspektive, Schärfen etc.
- Ausgabe bzw. Druck
- Archivieren (Metadaten und Ablagesystem)

Sowohl bei der Digitalfotografie im Freizeitbereich als auch bei der Gewinnung von Bildmaterial mittels professioneller bildgebender Verfahren ist der Versuchsaufbau, d.h. die überlegte Vorbereitung und sorgfältige Durchführung der Datenerfassung (Aufnahme) für die Brauchbarkeit des gewonnenen Bildmaterials entscheidend.

Eine grundsätzliche Frage stellt sich bei allen Anwendungsfeldern: Wo steckt die Bildinformation?

Die Bildinformation ist in den Tonwert-Differenzen codiert. Homogene Bilder sind ohne Information (siehe nachfolgende Abbildung, verändert nach [56]). Das Ziel der klassischen Bildbearbeitung besteht also darin, je nach Bedarf Bildinformation (= Tonwertmuster) hervorzuheben oder zu unterdrücken.

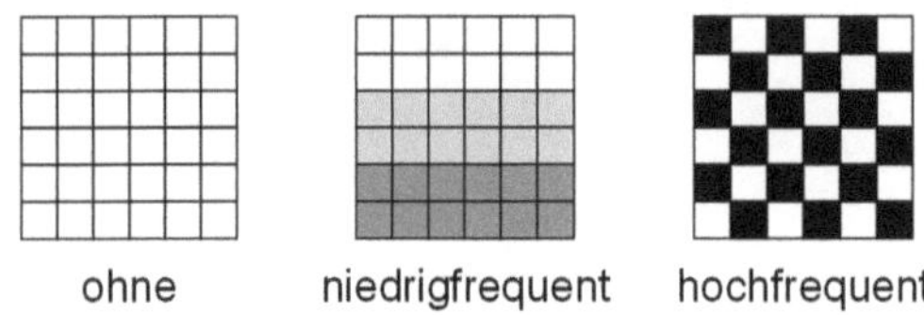

Abb. 60: Zusammenhang zwischen Variation der Tonwertmuster und der Bildinformation

Zur Bearbeitung der Bildinformation in Form einer Bildverbesserung bzw. zur Vorbereitung der Bildanalyse können eine Vielzahl von Algorithmen, sogenannte Bildoperatoren, eingesetzt werden. Diese nehmen ein oder mehrere Eingangsbilder und produzieren ein Ausgangsbild. In Abhängigkeit vom Umfang der Berücksichtigung der Umgebungsinformation unterscheiden wir Punktoperatoren, lokale- und globale Operatoren.

---

[56] Bonnet, S., Filterung der räumlichen Frequenzen; http://slideplayer.org/slide/210999/

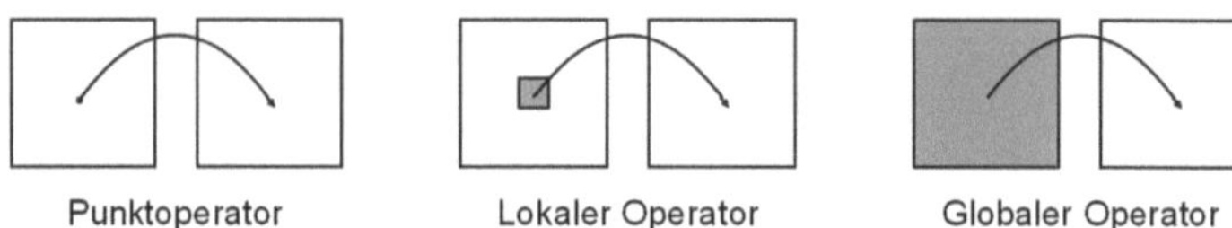

Abb. 61: Bildoperatoren und Umgebungsinformation[57]

6.2.1 Punktoperatoren

Unter Punktoperationen verstehen wir Änderungen von Bildpunktausprägungen ohne Berücksichtigung von Nachbarschaftsinformationen.

Es existieren verschiedene Verfahren (z.B. Optimierung des Tonwert-Umfangs, Gradationskurven, Gamma-Korrektur etc.), mit deren Hilfe signifikante Bildverbesserungen erreicht werden können. Zentrales Werkzeug zu einer ersten Bewertung der Bildqualität sind hierbei Histogramme.

> Das Histogramm h(g) eines Bildes stellt die Häufigkeitsverteilung der Grauwerte eines Bildes oder Teilbildes dar. Es ermöglicht, Aussagen über die globale Charakteristik von Bildern (z.B. über-, unterbelichtet, farbstichig) zu treffen.

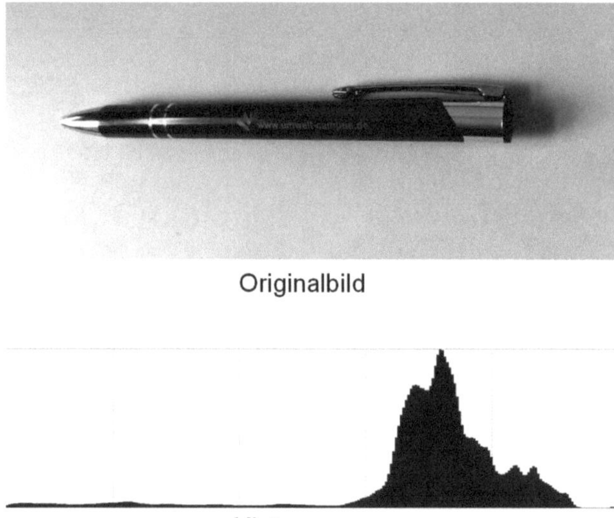

Abb. 62: Häufigkeitsverteilung der Grauwerte eines Bildes

---

[57] Enarnaco J., Strasser W.& R. Klein. Graphische Datenverarbeitung 2 – Modellierung komplexer Objekte und photorealistische Bilderzeugung. 4. Auflage. Oldenbourg Verlag, 1998

Bei kumulativen Histogrammen wird die Anzahl der Grauwerte als Treppenkurve aufsummiert. Sie vereinfachen ebenfalls eine erste Beurteilung der Bildqualität.

Um bei Bedarf nun den Tonwertumfang zu optimieren, bedient man sich sogenannter Grauwert- oder Tonwertmanipulationen. Diese ändern die Häufigkeitsverteilung der Grauwerte g in einem Bild. Gesucht wird hierbei die Transformationsfunktion:

$$G' = T(g), \qquad G_{min} <= g <= G_{max}$$

die jedem Grauwert g einen neuen Grauwert g' zuordnet.

T sollte dabei folgende Eigenschaften erfüllen:

- T(g) ist eindeutig und monoton innerhalb des Intervalls [G_{min}, G_{max}] (garantiert den Erhalt des Verlaufs von schwarz nach weiß)
- $G_{min} <= T(g) <= G_{max}$ für $G_{min} <= g <= G_{max}$ (verhindert eine Überschreitung des Grauwertintervalls)

Durch eine Bearbeitung des Histogramms können Lichter, Mitteltöne und Schatten leicht optimiert werden. So können bspw. über- oder unterbelichtete Bilder durch eine Tonwertverschiebung in Richtung Schatten bzw. Licht verbessert, oder aber durch ein Auseinanderziehen dicht zusammenliegender Grauwertbereiche die Erhöhung der Erkennbarkeit von Details erreicht werden.

> Die Tonwertkorrektur zählt zu den Maßnahmen, die bei fast allen Bildern eine qualitative Verbesserung herbeiführt.

Bildbearbeitungssoftware ermöglicht i.d.R. eine einfache Optimierung des Tonwertumfangs durch die Anwendung von Gradationskurven (Synonym: Tonwertkurven). **Gradationskurven**:

- ermöglichen eine stufenlose Änderung der Tonwertbereiche
- die horizontale Achse zeigt den Tonwertumfang des Bildes vor der Änderung
- die vertikale Achse zeigt die Wirkung der Korrekturen an
- lineare Tonwertkorrektur: globale Änderung an Helligkeit und Kontrast durch Positionsänderung einer geraden Tonwertkurve
- nichtlineare Korrektur: z.B. S-Gradationskurve zur Kontrastverstärkung bzw. zum Erreichen spezieller Effekte (z.B. Solarisationseffekte)

Da die Intensitätswahrnehmung des menschlichen Auges nicht linear ist (doppelte Helligkeit im physikalischen Sinne ist nicht gleich einer doppelten Helligkeitsempfindung im Auge), die Sensorik (z.B. CCD-Chip, Elektronenstrahlröhre CRT) jedoch annähernd linear arbeitet, wurde eine Korrektur eingeführt, welche die menschlichen Sehgewohnheiten annähernd nachbildet. Diese nennt sich **Gamma-Korrektur**. Der Gamma-Begriff in der Fotografie bedeutet Anstieg,

Gradient bzw. Kontrast. Bei der Gamma-Korrektur bestimmt der Gamma-Wert (γ) das Verhältnis der Eingabe- zu den Ausgabewerten. Ein kleines Gamma hat dabei eine Aufhellung, ein großes Gamma ein Abdunkeln der Werte zur Folge. Die Gamma-Korrektur zählt zu den Verfahren der nichtlinearen Tonwertkorrekturen.

Prinzip der Gammakorrektur:

$$A = E^{\gamma},$$

wobei A = Ausgangssignal,

E = normiertes Eingangssignal im Intervall [0,1]

Der Exponent Gamma (γ) gibt der Korrekturfunktion ihren Namen.

- Auswirkung bei $\gamma = 1$: Ausgangssignal = Eingangssignal
- Auswirkung bei $\gamma < 1$:

  Beispiel: $\gamma = 0{,}5$

  $E = 0{,}5$ (50% Helligkeit des Bildpunktes)

  $A = 0{,}5^{0{,}5} = 0{,}71$

  (d.h. Ausgangspixel erhält Helligkeitswert von 71%)

- Auswirkung bei $\gamma > 1$:

  Beispiel: $\gamma = 2{,}0$

  $E = 0{,}5$ (50% Helligkeit des Bildpunktes)

  $A = 0{,}5^{2} = 0{,}25$

  (d.h. Ausgangspixel erhält Helligkeitswert von 25%)

- Wird die Gammakorrektur zusätzlich noch mit einem Koeffizienten a durchgeführt, führt dies zu einer zusätzlichen Kontraständerung:

  $$A = a * E^{\gamma}$$

  Wenn:

  $a > 1$: Kontrasterhöhung
  $a < 1$: Kontrastverminderung

- Wird die Gammakorrektur mit einer Additionskonstanten b durchgeführt führt dies zu einer weiteren Helligkeitsänderung:

  $$A = b + E^{\gamma}$$

  Wenn:

  $b > 0$: heller
  $b < 0$: dunkler

Bei den Tonwertkorrekturen werden i.d.R. alle Bildpunkte des Ausgangsbildes durch das gewählte Verfahren manipuliert, d.h. es erfolgt eine Bearbeitung des Gesamtbilds.

Manche Bilder beinhalten jedoch zusätzliche Beeinträchtigungen in Teilbereichen wie z.B. Kratzer, Flecken, unerwünschte Schriftzüge in historischen Aufnahmen, oder aber auch Rote-Augen-Effekte. Zur Behebung solcher Störungen wird im Rahmen von Retusche-Arbeiten eine individuelle Änderung der Bildpunktinformation durchgeführt.

6.2.2 Lokale Operatoren / Filterung im Ortsbereich

Lokale Operatoren verwenden im Gegensatz zu den im vorigen Kapitel besprochenen Punktoperatoren auch Umgebungsinformation, d.h. Pixelwerte der Nachbarschaft zur Berechnung eines neuen Tonwertes. Übliche Nachbarschaften im zweidimensionalen Raum sind 4, 8 oder 24 Bildpunkte. Je mehr Nachbarn berücksichtigt werden, desto größer wird der Rechenaufwand.

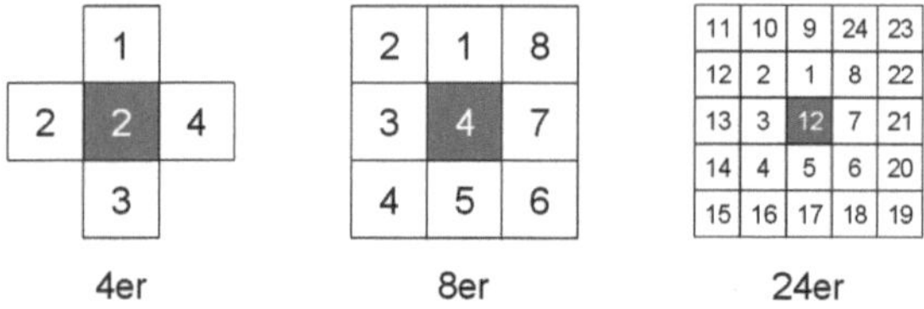

Abb. 63: Übliche Nachbarschaften lokaler Operatoren

Die lokalen Operatoren arbeiten dabei nach dem Konzept der Moving Windows (gleitende Fenster, Masken): Um ein aktuelles Pixel wird ein Operator-Fenster geöffnet. Der Operator verknüpft die entsprechenden Tonwerte im Fensterbereich und erzeugt unter Anwendung eines definierten Algorithmus einen Ergebnistonwert. Dieser wird dann in den aktuellen Bildpunkt des Ergebnisbildes eingetragen.

Zur Verdeutlichung sei hier die Funktionsweise des Mittelwert-Operators vorgestellt:

- Der Mittelwertoperator reduziert als Glättungsfilter oder Weichzeichner das Rauschen im Bild durch das Mitteln von Pixelwerten. Typische Maskendimensionen sind 3×3 bzw. 5×5 Pixel.
- Berechnungsprinzip: Der betreffende Pixelwert wird durch den Durchschnitt seiner Nachbarn und sich selbst ersetzt, d.h. es erfolgt eine Mittelwertbildung der Grauwerte aller Pixel innerhalb der Filtermaske durch Aufsummierung der Grauwerte und Division durch die Zellenzahl des Filters (9, 25 etc.). Dem entsprechenden Bildpunkt im Ergebnisbild wird der so berechnete neue Grauwert

(Tonwert) zugewiesen. Ein Zusammenhang zwischen der Größe der Filtermaske und dem Einfluss der Nachbarschaften auf den neuen Tonwert wird hier offensichtlich.

Abb. 64: Beispiel zur Berechnung eines neuen Pixelwertes durch den Mittelwertoperator

Obiges Beispiel zeigt die Tonwertänderung des zentralen Bildpunktes im Filter durch die Anwendung des Mittelwertoperators. Hat der Bildpunkt im Originalbild noch einen Tonwert von 255 (offensichtlich ein durch Rauschen bedingter Ausreißer), so erhält der korrespondierende Bildpunkt im Ergebnisbild den Wert 93.

Die Anwendung des Medianfilters als alternatives Verfahren (Medianwert der Tonwerte aller Bildpunkte im Filter wird dem Bildpunkt im Ergebnisbild zugewiesen) würde dem Zielpixel den Wert 51 zuweisen, d.h. das Rauschen ebenfalls unterdrücken.

Die Filtermasken (Moving Windows) laufen bei den meisten Filteroperationen vom Ursprung der Matrix (linke obere Ecke) ausgehend über die Zellen und berechnen jeweils den Wert des zentralen Pixels. Nicht erreichte Randpixel erhalten einen definierten Wert.

Die aktuell am Markt verfügbaren Produkte zur Bildbearbeitung bieten eine große Vielzahl an unterschiedlichen lokalen Operatoren (Filtern) an, bei denen zusätzlich auch die Maskendimension variiert werden kann. Die unterschiedlichen Filter können wir in Bezug auf ihre Effekte in verschiedene Gruppen von lokalen Operatoren zusammenfassen:

- **Glättungsfilter bzw. Weichzeichner**: Glättungsfilter sollen Störungen, die z.B. durch Rauschen entstehen, vermindern. Ebenso können sie zur Herabsetzung der Variabilität eingesetzt werden (z.B. Bildglättung, Kantenglättung). Beispiele hierfür sind der Mittelwertoperator, der Gauß'sche Tiefpass-Filter, der Medianfilter etc.
- Filter zur **Kontrastverstärkung**: Praktisch alle Digitalfotos, die nicht im RAW-Format vorliegen, müssen geschärft (Scharfzeichnen, Schärfen) werden, da die meisten Digitalkameras mit Anti-Aliasing-Filter ausgestattet sind (Bilder erscheinen dadurch z.T. etwas defocussiert). Beim Schärfen gehen jedoch häufig kleinere Bilddetails verloren, was bei der Anwendung berücksichtigt

werden sollte. Beispiele für Filter zur Kontrastverstärkung sind der High-Pass-Filter, der Filter Unscharf Maskieren USM etc.

- Filter zur **Kantendetektion**: Die Kanten eines Bildes differenzieren letztlich die Bildinhalte. Eine Kante findet sich dort, wo sich Grauwerte schnell und signifikant ändern. Die Kantendetektion wird z.B. als vorbereitender Arbeitsschritt bei der Bildsegmentierung eingesetzt. Beispiele für Filter zur Kantendetektion sind u.a. der Sobel-Operator, der Nullsummenfilter (z.B. Laplace-Filter), der Canny Edge Detector etc.

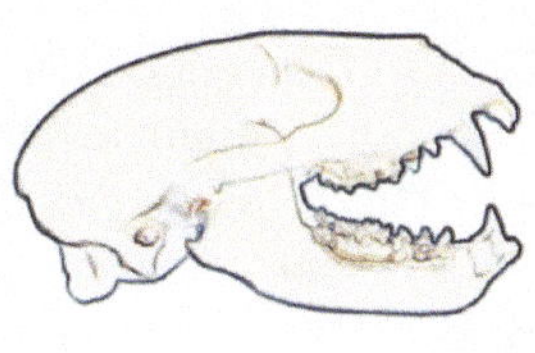

Abb. 65: Bsp. Filteranwendung zur Kantendetektion; links: Ausgangsbild, rechts Ergebnis nach Anwendung des Sobel-Operators (inverse Darstellung)

6.2.3 Globale Operatoren

Globale Operatoren betrachten für die Transformation eines jeden Pixels immer das gesamte Bild. Sie spielen vor allem in der wissenschaftlichen Bildverarbeitung eine Rolle.

Bekannteste Verfahren sind z.B. die Fourier-Transformation (z.B. Entfernen von Rauschen, Bestimmung von Form-Merkmalen von Objekten), die Radon-Transformation (z.B. Computertomografie), oder auch die Wavelet-Transformation.

Da eine Besprechung der Verfahren aufgrund deren hohen Komplexität den Rahmen dieses Kapitels sprengen würde, sei an dieser Stelle auf die weiterführende Literatur hingewiesen.

6.3 Bildanalyse und Mustererkennung

Aufgrund der Tatsache, dass die vorgenannten Operationen zum Teil auch in der Bildanalyse Verwendung finden, sei an dieser Stelle noch ein kurzer Exkurs in diesen Themenbereich gestattet, wenngleich er als Teilbereich des Forschungsgebietes Computer Vision nicht Gegenstand der eigentlichen Datenvisualisierung darstellt.

Im Rahmen der Bildanalyse versuchen wir durch Zerlegung des Bildes in Urbilder bekannte grafische Objekte (Kreise, Dreiecke etc.) zu identifizieren und zum Aufbau bekannter Datenstrukturen zu verwenden. Dabei erfolgt die Objekterkennung in den Bildern durch einen Vergleich mit bekannten Zerlegungen. Demzufolge werden in diesem Arbeitsgebiet sowohl Methoden der Bildverarbeitung (z.B. Zerlegung) sowie der Computer-Grafik (z.B. Komposition der Urbilder) verwendet.

Betrachten wir die Funktionsweise der Mustererkennung in der menschlichen Wahrnehmung: Wir konzentrieren uns beim Betrachten von Objekten sehr stark auf die Grenzen zwischen homogenen Regionen und können so anhand weniger einfacher Umrisse Objekte in der Realwelt gut erkennen. Die Beschreibung des Übergangsbereichs zwischen homogenen Bildregionen ist demzufolge eine wichtige Strukturinformation hin zur objektorientierten Beschreibungsweise. Übergangsbereiche zwischen homogenen Regionen in Bildern kann man sehr gut mittels Kanten definieren. Die Kantendetektion stellt somit eine wichtige Stufe in der Vorgehensweise zur Objekterkennung dar. Nachfolgend sind einige Schritte zur Vorbereitung und Durchführung einer Bildanalyse skizziert:

- Schritt 1: Kantendetektion

Problem der Kantendetektion: Tatsächliche Kantenpunkte sollen nicht zurückgewiesen werden. Gleichzeitig sollen aber Punkte, die zu keiner Kante gehören, auch nicht als Kante erkannt werden (Problematik des Rauschens). Der Workflow zur Kantendetektion kann dabei folgendermaßen beschrieben werden: Der Glättung des Ausgangsbildes folgt eine Kantenverstärkung z.B. mittels Hochpass-Filter. Durch ein zu definierendes Schwellenwertverfahren erhalten wir schließlich ein Kantenbild.

- Schritt 2: Skelettierung

Die Skelettierung stellt ebenfalls einen wichtigen Schritt zur Merkmalsextraktion und Mustererkennung dar. Unter einem Skelett eines Objektes verstehen wir die Repräsentation der Figur durch ihre Mittelachsen. Dabei wird der Abstand eines Punktes innerhalb einer Figur zu allen Randpunkten berechnet.

- Schritt 3: Bildsegmentierung und Merkmalextraktion

Bildsegmentierung bedeutet die Unterteilung des Bildes in Teilbereiche unterschiedlicher Bedeutung, z.B. Trennung von Text, Grafik und Hintergrund in der Dokumentenanalyse. Durch die Unterteilung des Bildes in Punkte, Linien und Flächen erfolgt eine erste Bedeutungszuweisung.

- Schritt 4: Klassifikation

Die höherwertige Bedeutungszuweisung wird in nachfolgenden Klassifikationsschritten vollzogen. Dabei wird einzelnen Bildbereichen eine symbolische Bedeutung zugeordnet (z.B. bestimmter Buchstabe, Auto, rotes Blutkörperchen). Eine

Unterteilung des Bildes erfolgt entweder anhand der Homogenität innerhalb einer Region oder anhand der Inhomogenität am Rande, wobei aber auch Kriterien wie die Lage im Bild oder die Veränderung zum vorherigen Bild bei Sequenzen eine Rolle spielt.

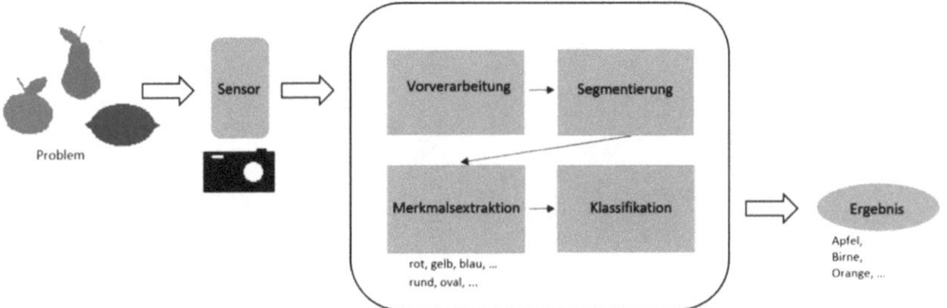

Abb. 66: Prinzipielle Vorgehensweise bei der Mustererkennung

6.4 Bildanalyse am Beispiel von Daten der Fernerkundung

Die Fernerkundung (Remote Sensing) ist das Beobachten, Kartieren und Interpretieren von Erscheinungen auf der Erdoberfläche, ohne die Gebiete betreten zu müssen. Im weiteren Sinne umfasst der wissenschaftliche Einsatz der Fernerkundung das Aufnehmen, Prozessieren und Interpretieren von Bildern und Daten, die von flugzeug- oder satellitengetragenen Sensoren aufgenommen werden und die eine Wechselwirkung zwischen Objekt und elektromagnetischer Strahlung aufzeichnen.

Vor allem in den Umweltwissenschaften stellt die Fernerkundung neben den vorwiegend geländebezogenen Methoden ein verbreitetes Verfahren der Informationsgewinnung dar. Die Komplexität der Fernerkundung einerseits und die Komplexität der Umwelt andererseits erfordern hierbei eine multidisziplinäre Arbeitsweise.

Das älteste bekannte Luftbild aus Deutschland wurde 1887 von einem Fesselballon über dem Ort Zehdenick nördlich von Berlin für forstliche Zwecke aufgenommen. Der Beginn des Zeitalters der Fernerkundung war gesetzt. Die Faszination, die sich aus dem Perspektivenwechsel ergibt, zusammen mit der Erkenntnis, per Luftbild die Vermessungen, Karten und Kataster schneller aktualisieren zu können, führten – neben der großen Bedeutung für militärische Zwecke – rasch zu einer Etablierung dieser neuen Technik, die sich zunächst als reine Photogrammetrie mit dem Vermessen und der Erstellung von Karten und Ortho-Luftbildern (= geometrisch korrigierte maßstabstreue Luftbilder) auseinandersetzte.

Abb. 67: Historische und rezente Aufnahmen der Stadt Rom (Italien). Daten: Zeppelin Aufnahmen 1924 (L. Fusco), ESA Sentinel-2 MSI (3.10.2023)

Die wichtigsten technologischen Entwicklungen, die den heutigen Stand der Fernerkundungstechnik bestimmen, sind nach Udelhoven et al.[58] folgende:

- die Ausnutzung von sichtbaren und nicht sichtbaren Bereichen des elektromagnetischen Spektrums (beispielsweise das reflektierte und thermale Infrarot, Mikrowellen)
- der Einsatz von nicht-fotografischen Aufnahmemethoden (z.B. Multispektralabtaster, Radiometer, Radar [radio detection and ranging], Lidar [light detection and ranging])
- der Einsatz von Drohnen, Flugzeugen und Satelliten als Aufnahmeplattformen
- der Einsatz von Computern zur Bearbeitung und Interpretation von Fernerkundungsdaten.

Im Hinblick auf die Sensorik unterscheidet man zwischen passiven und aktiven Fernerkundungssystemen. Passive Systeme registrieren die reflektierten oder emittierten Abstrahlungen von der Erdoberfläche (vergleichbar der Tageslicht-Fotografie), aktive Systeme, wie beispielsweise die Radar- und Lasersysteme, besitzen eine eigene Strahlungsquelle, deren reflektierte Signale am Sensor aufgezeichnet werden (vergleichbar der Blitzlicht-Fotografie). Durch die Unabhängigkeit von der Sonneneinstrahlung sind letztere auch zur Durchführung von Nachtaufnahmen geeignet.

Neben der räumlichen (Maß der kleinsten identifizierbaren Fläche) und zeitlichen Auflösung (Häufigkeit wiederkehrender Aufnahmen der gleichen Fläche pro Zeiteinheit) ist die spektrale Auflösung ein wesentliches Kennzeichen von Fernerkundungsdaten.

---

58 Udelhoven, T. et al (2021): Fernerkundung - Grundlagen, Systeme und Anwendungen.- In: Fischer-Stabel (Hrsg.): Umweltinformationssysteme. Grundlagen einer angewandten GeoInformatik/GeoIT.- Wichmann Verlag, Heidelberg

Die spektrale Auflösung bezeichnet die Wellenlängenbereiche (auch: Kanäle), die von einem Instrument aufgezeichnet werden können. Unterschiede existieren hier in der Anzahl der Kanäle (panchromatisch, multispektral oder hyperspektral), den aufzuzeichnenden Wellenlängenbereichen (z.B. Band 1: 0,45 – 0,55 µm) sowie der Bandweite (z.B. 100 nm). Enge Bandweiten indizieren feine spektrale Auflösungen. Bei hyperspektralen Aufnahmesystemen wird die spektrale Information mittels einer großen Anzahl an ca. 10 – 20 nm breiten Bändern aufgezeichnet (z.B. Hymap mit 128 Bändern). Die spektralen Signaturen agieren hier ähnlich der „bar codes" zur Identifizierung von Materialien. Bei Multispektralsystemen liegen die Bandweiten in der Regel bei 100 – 200 nm.

Die Forschungs- und Anwendungsbereiche, die mittels Methoden der Fernerkundung bearbeitet werden, sind recht vielfältig und umfassen unter anderem nachfolgende Felder:

Wetterbeobachtung und -vorhersage; Siedlungsentwicklung und Monitoring von Megacitys; Biomassen- und Waldschadenskartierungen, Erfassung von Meeresverschmutzung (z.B. Oil Spill Monitoring), Gewässerqualität und Meeresoberflächentemperatur, Landnutzungskartierungen, Ertragsschätzungen für die Landwirtschaft; topografische Vermessungen und Aktualisierung von Kartenwerken und Geoinformation; Risk-Monitoring (z.B. Hochwasser, Tsunamis, Erdbeben, Vulkanismus); Überwachung von Gletschern an Polkappen und im Hochgebirge; Erfassung von Geologie und Morphologie ausgewählter Landschaften, Unterstützung bei der Lagerstättenkunde; Beobachtung langsamer Hebungs- und Senkungsprozesse der Erdoberfläche (Subsidence, Upsidence) und vieles mehr. Unabhängig vom gewählten Anwendungsgebiet ist fast immer eine zusätzliche Validierung ausgewählter Phänomene im Gelände erforderlich.

Es existieren dabei mittlerweile eine Vielzahl an Datenprovider für aktuelle Fernerkundungsdaten, z.B. die verschiedenen Missionen des Copernicus-Projektes[59] von EU und ESA, Airbus[60], NASA[61], das Earth Observation Center der DLR[62] oder auch Eumetsat[63], um nur einige wenige zu nennen.

Neben der direkten Interpretation des gewonnenen und in Bildform aufbereiteten Datenmaterials durch die jeweiligen Experten werden häufig Verfahren der Bildverarbeitung und -analyse eingesetzt, um den Informationsgehalt der gewonnenen Daten automatisiert zu entschlüsseln bzw. zu visualisieren. Ein weit verbreitetes Verfahren der Informationsgewinnung, die Klassifikation von multispektralen Reflexionswerten, wird nachfolgend kurz skizziert.

---

59 http://www.copernicus.eu/

60 https://www.intelligence-airbusds.com/

61 https://visibleearth.nasa.gov/

62 http://www.dlr.de/eoc/

63 https://www.eumetsat.int/

6.4.1 Pixelbasierte Klassifikation multispektraler Daten

Die Informationsextraktion aus Daten der Fernerkundung ist ein mehrstufiger Prozess, der über folgenden Workflow durchgeführt werden kann:

- Image Restoration: Bildkorrektur; individuelle Pixelwerte werden bearbeitet, z.B. Bereinigung von Datenfehlern, die durch sensor- oder atmosphärische Effekte bedingt sein können
- Image Rectification: geometrische Entzerrung und Korrektur der Rohdaten sowie die Überführung der Daten in ein definiertes Geo-Koordinatensystem
- Image Enhancement: Bildverbesserung, insbesondere radiometrische Korrekturen, die der Verbesserung der Signal-Identifikation der aufgenommenen Objekte dienen. Dies können Operationen sein, die sowohl das gesamte Bild betreffen als auch nur lokal korrigieren. Bspw. kommen hier auch Verfahren wie Histogrammspreizung oder lokale Filteroperationen zum Einsatz (vgl. Abschnitt 6.2). Zusätzlich erfolgt in diesem Schritt auch eine Trennung zwischen erwünschter und unerwünschter Information
- Image Classification: In diesem Schritt wird die eigentliche Klassifikation der Bilddaten als anwendungsbezogenes thematisches Prozessieren durchgeführt. Dabei ist eine maximale Separation der Klassen bei gleichzeitig größtmöglicher interner Homogenität der Klassen angestrebt.

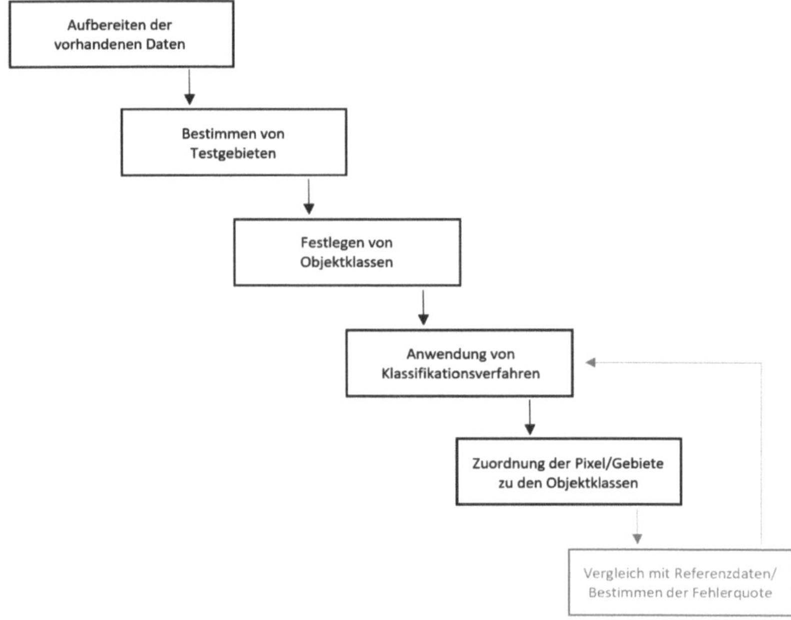

Abb. 68: Workflow der Klassifikation von Fernerkundungsdaten

6.4.2 Grundprinzip der Klassifikationsverfahren

Ein Ziel der Analyse von Daten der Fernerkundung ist die Erfassung des aktuellen Zustandes bzw. der aktuellen Situation an der Erdoberfläche. Hierbei sollen aus dem Datenmaterial +/- homogene Einheiten (z.B. topografische Einheiten) abgeleitet werden, welche in Form von Objektklassen die realen Verhältnisse auf der Erde widerspiegeln. Eine Objektklasse stellt dabei eine vom Interpreten definierte Gruppe von Geo-Objekten dar, welche für die Zielsetzung der Analyse relevant ist (z.B. Nadelwälder, Laubwälder, Ackerflächen, Bebauung, Gesteinstypen, Bodenarten etc.).

Dabei macht man sich im Rahmen der Klassifikation zunutze, dass im Idealfall jede Objektklasse durch eine ihr typische multispektrale Signatur im digitalen Bild charakterisiert ist. Dies bedeutet, dass jede Objektklasse ein typisches Reflexionsverhalten in den unterschiedlichen spektralen Bereichen besitzt, welches am Sensor aufgezeichnet wird (vgl. nachfolgende Abbildung).

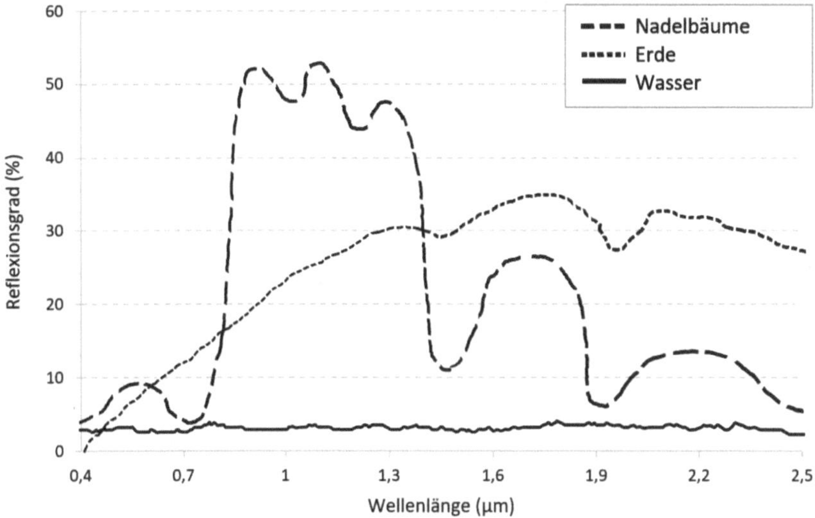

Abb. 69: Reflexionsverhalten verschiedener Substrate

Eine objektklassenspezifische Multispektralsignatur wird durch die statistische Verteilung der Pixelwerte einer jeden Klasse hervorgerufen. Nun kann man mit Hilfe statistischer Verfahren versuchen, alle Pixel eines multispektralen Bildes im Hinblick auf die Ausprägung ihrer Spektralsignatur zu untersuchen und anschließend den definierten Objektklassen zuzuordnen.

Nachfolgende Abbildung verdeutlicht das Grundprinzip der Klassenbildung in einem zweidimensionalen Raum. Es wird deutlich, dass nur Kanalkombinationen für Klassifikationen günstig sind, die hinsichtlich der zu differenzierenden Objektklassen so wenig Mischpixel (d.h. Pixel, die zwei bzw. mehreren Klassen zugeordnet werden können) wie möglich aufweisen. Je größer die Schnittmenge im Merkmalsraum, desto uneindeutiger die Klassenzuweisung von Pixelgruppen.

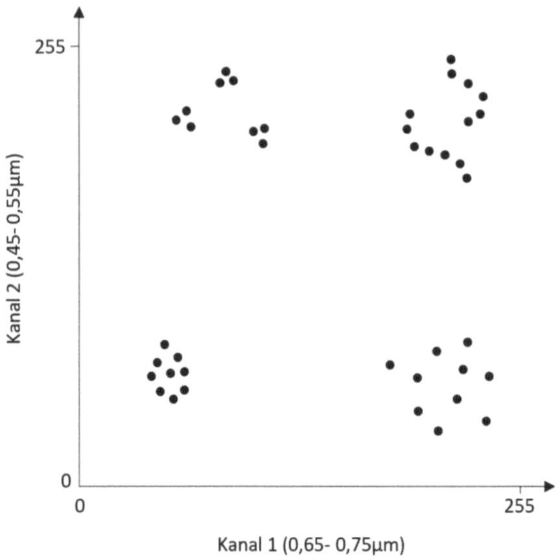

Abb. 70: Zweidimensionaler (multispektraler) Merkmalsraum

Die mathematisch-statistische Analyse wird mit Hilfe von Klassifikatoren durchgeführt. Wir unterscheiden dabei zwischen Verfahren der unüberwachten, d.h. rein statistische Verfahren ohne Nutzerinteraktion (*unsupervised*), oder der überwachten (*supervised*) Klassifikation (interaktiv durch Sach- und Geländekenntnis des Nutzers gesteuert) über alle verfügbaren Kanäle (Merkmalsraum) sowie deren Derivate (z.B. Ratios).[64]

Wie Sie unschwer erkennen können, hängt die Güte einer Klassifikation dabei wesentlich davon ab, wie eindeutig die Multispektralsignatur jeder Objektklasse ist. Weitere Kriterien, welche die Güte der Klassifikation beeinflussen, sind die Übereinstimmung der stichprobenhaft gewonnenen Geländekenntnis (ground truth) in einem Testgebiet mit den Ergebnissen der Klassifikation, sowie der verwendete Klassifikatoren-Typ (z.B. Cluster-Analyse, Maximum-Likelihood-Verfahren, Minimum-Distance-Verfahren).

Durch die Problematik der Mischpixelsignaturen, aber auch durch normale Umwelteinflüsse wie Bodenfeuchtemuster an der Erdoberfläche, unterschiedlich intensive Belichtung, Schatteneffekte o.ä. sind die Ziele einer Klassifikation (maxi-

---

[64] http://ivvgeo.uni-muenster.de/vorlesung/FE_Script/3_7.html

male Separation, Homogenität der Klassen, Vollständigkeit der Pixelzuordnung) zusammen nicht zu 100% erfüllbar.

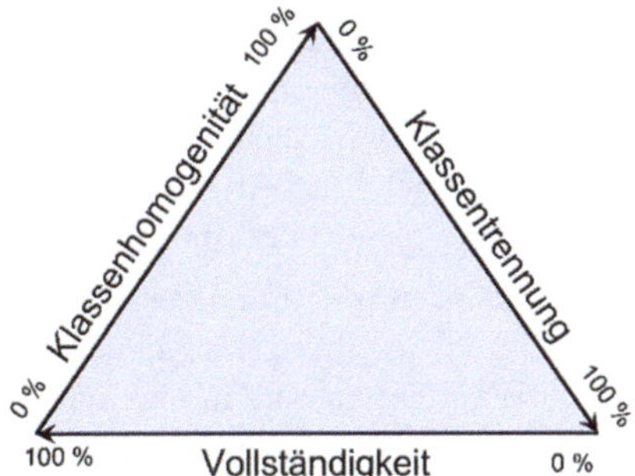

Abb. 71: Zusammenhang zwischen angestrebter Klassenhomogenität, bestmöglicher Klassentrennung und der vollständigen Zuordnung aller Pixel eines Bildes

Die Nachteile pixelbasierter Verfahren werden bei der Anwendung dieser Verfahren auf hochaufgelöste Daten deutlich: Bei Vorliegen einer die Objektgröße unterschreitenden Bodenauflösung werden objektspezifische Variationen (z.B. Wasserpfützen bzw. Feuchtestellen auf Sportplätzen) als eigene Objekte erkannt und einer eigenen Objektkategorie zugeordnet. Der Anteil fehlklassifizierter Flächen kann damit signifikant ansteigen.

Um trotzdem auch bei geometrisch hochaufgelösten Bildern gute Ergebnisse zu erhalten, werden bei den objektorientierten Verfahren – neben den spektralen – zusätzlich auch geometrische Eigenschaften berücksichtigt. Durch Texturanalysen und eine darauf aufbauende Segmentierung von Objekten wird das Ergebnis der Bildanalyse hierbei z.T. signifikant verbessert.

6.4.3 Überwachte Klassifikation

Bei der überwachten Klassifikation werden durch Geländebegehung oder einer manuellen Analyse hochaufgelöster Luftbilder zunächst sogenannte „Trainingsgebiete" definiert. Deren Klassenzugehörigkeit ist bekannt, sodass diese zur Gewinnung von Referenzmustern der zu klassifizierende Objekte herangezogen werden können (ground truth). In dieser Trainingsphase wird ein Teil des Expertenwissens in die Klassifikation integriert. Die Trainingsgebiete müssen bestimmten Kriterien genügen (u.a. möglichst homogene Objekte der Realwelt umfassen (z.B. Laubwald, Nadelwald, Maispflanzung, Versiegelungsflächen), um als eine ausreichende statistische Stichprobe gelten zu können. Dabei muss ein Kompromiss zwischen statistischer Aussagekraft, Homogenität und Zeitaufwand gefunden werden. „Für pixelbasierte Klassifikationen wird als Richtlinie das zehn- bis hundertfache der verwendeten Klassifikationslayer angegeben. Weiterhin müssen die Trainingsgebiete möglichst alle Subtypen einer Klasse abdecken und räumlich gut über das Untersuchungsgebiet verteilt sein.“[65]

Im Minimum-Distance-Verfahren, einer einfachen Methode, welche schnell brauchbare Ergebnisse liefert, werden anschließend zunächst für die Trainingsgebiete jeder Objektklasse die Mittelwerte der einzelnen Spektralkanäle berechnet. Für jedes zu klassifizierende Bildelement wird dann der Abstand zu den Mittelpunkten aller Klassen berechnet. Das betreffende Pixel wird dann jener Klasse zugeteilt, zu deren Mittelpunkt der Abstand am geringsten ist.

Zwar kommt es auch hier aufgrund der oft hohen spektralen Streuung innerhalb einer definierten Klasse zu Fehlzuordnungen von Pixeln, da die Klassifikation jedoch überwacht, d.h. unter Nutzerinteraktion durchgeführt wird, kann nun interaktiv die Wahl des Trainingsgebietes oder die Änderung der Bandkombination zu einer Verbesserung des Klassifikationsergebnis führen.

6.4.4 Anwendungsbeispiel: Gletscherschwund im Alpenraum

6.4.4.1 Hintergrund

Gletscher als Forschungsgegenstand der Glaziologie entstehen, wenn Schnee beispielweise im Gebirge über einen längeren Zeitraum hinweg zusammengepresst und so zu festem Eis wird. Die Schwerkraft zieht diese Eismassen langsam ins Tal, wo mit steigenden Temperaturen das Eis zu schmelzen beginnt und das Schmelzwasser kleine Flüsse oder Seen bildet. Gletscher sind in ständiger Bewegung, wobei sie ihre Umgebung formen und gestalten. Sie haben für Mensch und Natur einen großen Nutzen, vor allem auch als ergiebige Süßwasserquelle. Verschiedene Autoren[66] schätzen, dass Gletscher rund 1,3 Mrd. Menschen als Trink- und Brauchwasserreservoir dienen. Überdies reflektiert die oberste Schneeschicht eingestrahltes Sonnenlicht und trägt somit über den hohen Albedo-Wert auch zur Verlangsamung des Klimawandels bei.

Um die Auswirkungen des Klimawandels auf die Dynamik von Gletschern besser abschätzen zu können werden weltweit entsprechende Monitoringprogramme durchgeführt, bei denen insbesondere die Ausdehnung, Massebilanzen, aber auch die Mächtigkeit von Gletschern dokumentiert werden.[67]

---

[65] Hohnecker Ulrich (2005): Digitale Bildverarbeitung. In: Fischer-Stabel, P. (Hrsg.) (2005): Umweltinformationssysteme. Wichmann Verlag Heidelberg

[66] Brown, M., Ouyang, H., & Habib, S. (2010). HIMALA: Climate Impacts on Glaciers, Snow, and Hydrology in the Himalayan Region. Mountain Research and Development.

[67] World Glacier Monitoring Service; https://wgms.ch/

6.4.4.2 Erfassungsmethoden

Auf dem Gebiet der Erfassung und Dokumentation von Gletschern existieren zwei Verfahrensgruppen, welche sich sowohl bzgl. des Arbeits- und Zeitaufwandes als auch bzgl. der erreichbaren geometrischen und semantischen (umweltfachlichen) Genauigkeit signifikant unterscheiden. Es sind dies die

- terrestrischen Erhebungsmethoden, sowie die
- fernerkundungsbasierten Verfahren.

Aufgrund der Vorteile der fernerkundungsbasierten Verfahren, die insbesondere in der Möglichkeit einer flächenhaften kostengünstigen Datenerfassung sowie auf dem Gebiet der Automatisierung in der Datenauswertung zu finden sind, aber auch aufgrund der Abdeckung von auch schwer zugängigen Gebirgsregionen, ist deren Potenzial im Bereich der Erfassung von Gletschern enorm. Grundsätzlich muss zwischen drei Methoden der Bildauswertung unterschieden werden:

- manuelle Bildauswertung analoger Daten (Stereoskop, Bilder u. Karten),
- computergestützte Auswertung digitaler und digitalisierter Daten (on-screen digitizing), und
- automatisierte digitale Bildanalyse in einem Computersystem mit geeigneter Software.

Insbesondere bei den beiden ersten Formen der visuellen Bildinterpretation ist hinsichtlich der zu erwartenden Qualität des Ergebnisses eine direkte Abhängigkeit von der Erfahrung und den Vorkenntnissen des Interpreten gegeben. Erfahrene Anwender erreichen hier (geringe) Fehlerquoten, die mit Methoden der vollständig automatisierten digitalen Bildverarbeitung i.d.R. nicht zu erreichen sind.

Für ein hochwertiges Ergebnis einer visuellen Auswertung detaillierter Bilddaten ist die Abgrenzung einzelner Objekte von hoher Bedeutung. Die Detektion von Kanten (signifikanter Kontrast) ist eine bewährte Methode zur Betonung der Umrissstrukturen einzelner Objekte. Der Laplace-Filter zur Kantenverstärkung wird hierbei häufig empfohlen, da von der Laufrichtung der Bildobjekte unabhängige Ergebnisse geliefert werden. Der Sobel-Filter ist in diesem Anwendungsfeld ebenfalls zur Detektion vertikaler und horizontaler Kanten gut geeignet.

Bezüglich der Sensorik werden im Rahmen des fernerkundungsbasierten Monitorings von Gletschern Daten von Multispektralsystemen wie z.B. Sentinel-2 MSI aber auch Daten von Radar- (z.B. CryoSat) und LiDAR-Missionen (z.B. ICESat) verwendet. Nachfolgend wird am Beispiel des Mappings des Laaser Ferners (Süd-Tirol) die Verwendung von Multispektraldaten in diesem Anwendungsgebiet skizziert.

6.4.4.3 Klassifikation von Sentinel-2 MSI Multispektraldaten

Zur Bestimmung der Ausdehnung des Gletschers wurde in unserem Anwendungsbeispiel eine pixelbasierte Klassifikation von Multispektraldaten eingesetzt. Dabei kamen Datensätze der Jahre 1986 (Landsat-5), 1999 (Landsat-7), sowie 2015 und 2023 (beide Sentinel-2) aus unterschiedlichen Erdbeobachtungsmissionen zum Einsatz. Im Rahmen der überwachten Klassifikation wurden geeignete Trainingsgebiete ausgewählt, entsprechende Klassen gebildet und der so definierte Algorithmus anschließend auf die jeweiligen Datensätze angewendet.

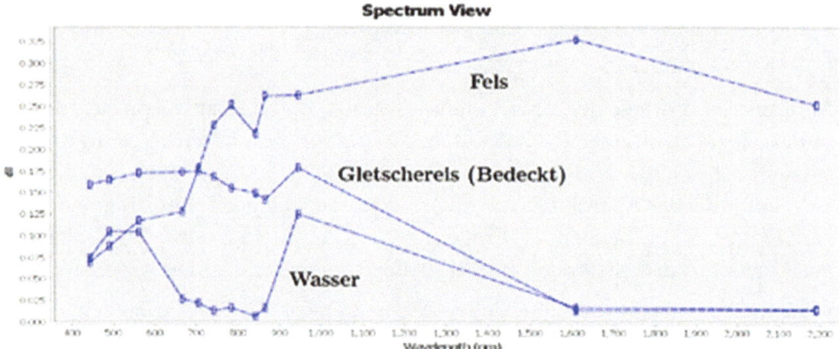

Abb. 72: Spektrale Antwort ausgewählter Trainingsgebiete im Untersuchungsgebiet

Die Ergebnisse der Klassifikation wurden anschließend visuell überprüft und die Klasse „Gletscher" schließlich für die weitere Verwendung vektorisiert.

Eine alternative Vorgehensweise stellt die Analyse der Daten mittels des von Dimitris Sykas[68] beschriebenen „Normalized Difference Glacier Index (NDGI)" dar. Der NDGI ist ein numerischer Indikator, der bei der Erkennung und Überwachung von Gletschern hilft, indem er die grünen und roten Spektralbänder verwendet.

$$NDGI_{Sentinel2} = \frac{Band3 - Band4}{Band3 + Band4}$$

Die Erstellung eines Index zählt zu den Verfahren der Bildverbesserung, da sich durch die einfache rechnerische Verknüpfung (Addition bzw. Subtraktion der Werte von zwei oder mehr Kanälen) oder eine Verhältnisbildung zweier Kanäle (Ratioing) Phänomene besser hervorheben (z.B. Gletscher) oder unterdrücken (z.B. Schatteneffekte) lassen.

Im direkten Vergleich beider methodischer Ansätze hat in unserem Beispiel die überwachte Klassifikation bessere Ergebnisse geliefert als die Auswertung des NDGI, ging aber mit wesentlich höherem Aufwand bei der Bestimmung der Trainingsgebiete einher.

---

[68] https://medium.com/@dimsyk/glacier-mapping-using-earth-observation-satellites-950da8f83945

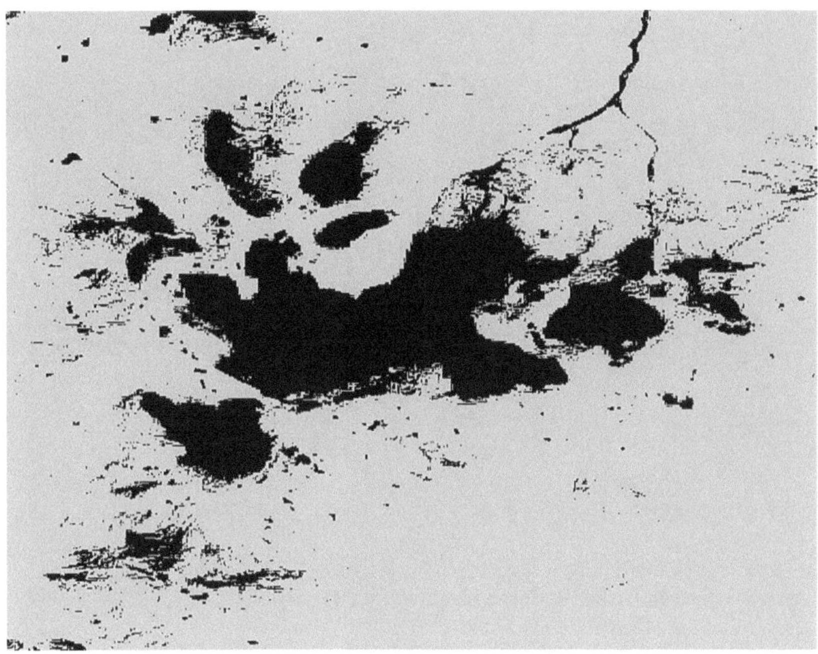

Abb. 73: Ausdehnung Laaser Ferner mittels NDGI (Daten: Sentinel-2 MSI, 18.8. 2023)

6.4.4.4 Ergebnisse

Die nachfolgend abgebildete Karte zeigt die aus den Multispektraldaten abgeleitete Ausdehnung des Laaser Ferners zu den jeweiligen Zeitpunkten der Datenerfassung.

Vergleicht man das Ergebnis der satellitengestützten Auswertung der Gletscherausdehnung mit der in aktuellen Kartenwerken abgebildeten Gletscherbedeckung, so erkennt man eine signifikante Abweichung der tatsächlichen Ausdehnung mit jener in den topographischen Karten verzeichneten. Dies hängt vor allem mit dem unterschiedlichen Aktualitätsgrad der zugrundeliegenden Daten zusammen.

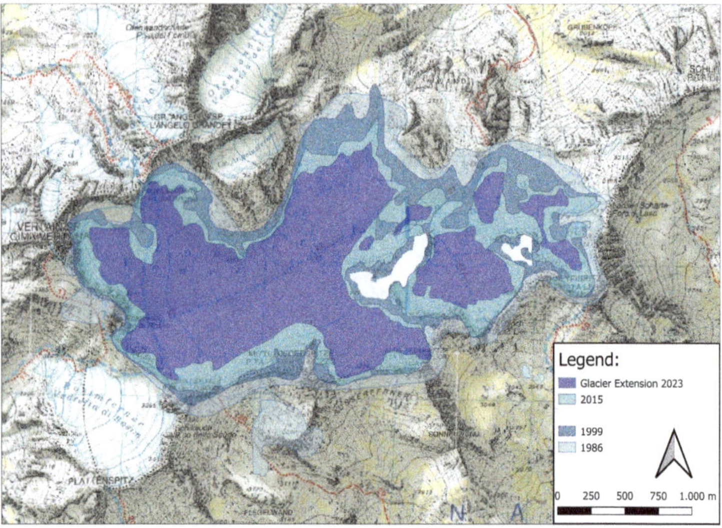

Abb. 74: Dokumentation der Raum-Zeit-Dynamik des Laaser Ferner 1986-2023 als Ergebnis der Bildanalyse von Fernerkundungsdaten

Ein interessantes Beispiel der Bereitstellung hochaktueller Information im Bereich Gletscherschwund auf der Grundlage von Fernerkundungsdaten liefert die Anwendung „Arctic Sea Ice News and Analysis“[69], welche täglich aktuelle Informationen zur Ausdehnung der polaren Eiskappen liefert.

6.5 Weitere ausgewählte Operationen mit Bildern

Bisher hatten wir die Vorteile der Sensorik gegenüber dem menschlichen Auge besprochen (z.B. Spektralbereich). Es existieren teilweise aber auch Beschränkungen der Kameratechnik, denen das Auge nicht unterliegt. Als Beispiele seien hier z.B. das Sehfeld sowie der mittels Auge wahrnehmbare Kontrastbereich erwähnt. Zur Umgehung dieser technischen Beschränkungen existieren jedoch Verfahren, die nachfolgend besprochen werden.

6.5.1 Stitching

Vergleichen wir das menschliche Sehfeld (~ 135 × 190°) mit demjenigen einer handelsüblichen Digitalkamera (~ 35 × 50 °), so erkennen wir auf den ersten Blick den Vorteil des menschlichen Auges. Die Frage, die sich dem Fotografen stellt, lautet nun, wie wir aus verschiedenen Einzelaufnahmen Szenen erzeugen können, die

[69] http://nsidc.org/arcticseaicenews/

in ihrer horizontalen und vertikalen Ausdehnung dem menschlichen Sehfeld entsprechen. Eine Lösung bietet die Methode des Stitching an.

Stitching bezeichnet in der Fotografie das Erstellen einer großen Fotografie aus verschiedenen kleineren Einzelaufnahmen. Der Begriff „Stitch" bedeutet übersetzt aus dem Englischen „nähen" oder „zusammenheften" (*to stitch together*). Stitching wird vorwiegend für Aufnahmen genutzt, welche aufgrund ihrer Abmessungen nicht mittels nur einer Fotografie erfasst werden können.

Anwendungsfelder:

- Zusammensetzen von Einzelaufnahmen zu einem Panorama (z. B. Landschaftspanoramen)
- Zusammensetzen von Einzelaufnahmen eines großen Objekts (z. B. Architekturaufnahmen)
- Erstellung einer hochaufgelösten Bilddatei. Auf diese Weise kann die ggf. unzureichende Bildauflösung von digitalen Kameras durch nachträgliches Verarbeiten erweitert werden. Damit wird die Möglichkeit geschaffen, hochaufgelöste großformatige Aufnahmen zu erstellen.

Stitching erfordert die Erstellung aller Teilbilder vom gleichen Aufnahmestandpunkt aus sowie überlappende Bildbereiche zur Identifikation korrespondierender Bildelemente. Der Stitching-Prozess verläuft dabei in drei Schritten:

- Erkennen korrespondierender Objektelemente (z.B. RANSAC-Algorithmus)
- Umrechnung der Ausgangsbilder in das gleiche kartesische Koordinatensystem
- Zusammensetzen der Teilbilder (mit einer meist notwendigen Belichtungskorrektur).

Für die Umrechnung der 2D-Abbildung in ein kartesisches Koordinatensystem gibt es mehrere Möglichkeiten mit unterschiedlichen Stärken und Schwächen. Bei diesen Projektionen wird aber nicht die Art der 3D-2D-Reduktion verändert, d.h. es erfolgt keine Veränderung von Verdeckungen sowie keine Veränderungen von Größenverhältnissen zwischen Objekten unterschiedlicher Entfernungen. Ebenso erfolgt keine Veränderung der Lage unterschiedlicher Objekte. Bei stark entzerrten Projektionen kann dies zu ungewohnten Bildern führen.

Abb. 75: Landschaftspanorama als (vorläufiges) Ergebnis eines Stitching-Prozesses (Nachbearbeitung erforderlich)

6.5.2 Mosaicing

Ein ähnliches Verfahren, das insbesondere auch in der Fernerkundung (z.B. Erdbeobachtung mittels Satellitenbilder) eingesetzt wird, ist das Mosaicing von unterschiedlichen Bildern. Das Problem besteht darin, dass es nicht immer möglich ist, eine Szene vollständig scharf abzubilden (z.B. Fehlfokussierung, Schärfentiefe, Bewegungsunschärfe, Wolkenbedeckung etc.). Der Lösungsansatz liegt dabei in einer Kombination mehrerer teilweise unscharfer Bilder hin zu einem scharfen Bild begründet.

Beim Mosaicing werden also – ähnlich dem Stitching – verschiedene Bilder miteinander verschmolzen. Mit diesem Verfahren werden zwei bzw. mehrere Bilder in Bildpyramiden zerlegt, mit Hilfe einer Maske gewichtet und aufsummiert. Anschließend wird das Bild rekonstruiert und eventuell nachbearbeitet. Wir unterscheiden dabei zwei Vorgehensweisen:

- Direktes Verfahren: Alle Pixelinformation wird verwendet. Es wird eine Überlagerung und anschließende Mittelwertbildung der Pixelinformation durchgeführt
- Feature-basiertes Verfahren: Erkennen scharfer Bildteile; Erkennen von Zusammenhängen zwischen Bildteilen (siehe RANSAC-Algorithmus); Zusammensetzen der jeweils schärfsten Bildteile (Verschmelzen der Bildteile = Image Blending); geometrische Korrektur falls nötig (Image Warping = Verzerrung)

6.5.3 High Dynamic Range (HDR)-Fotografie

Der Begriff Dynamic Range bedeutet so viel wie Dynamikbereich eines Bildes. Er ist gleichbedeutend mit dem Begriff Kontrastumfang.

Der Kontrastumfang eines Bildes wird durch das Verhältnis von den hellsten zu den dunkelsten Farbwerten bestimmt. Dieses Verhältnis wird durch einen Quotienten beschrieben. Bei einem Bild mit einem Kontrastverhältnis von 10:1 ist der hellste Punkt um ein zehnfaches höher als der dunkelste. Das reine Schwarz wird bei dieser Rechnung nicht hinzugezogen, da für Schwarz kein Vergleichswert existiert.

Abb. 76: Beispiel Kontrastumfang (10 : 1)

Betrachten wir die Helligkeitsunterschiede an einem sonnigen Tag oder. wenn eine direkte Lichtquelle sichtbar ist, so ist ein Kontrastumfang bzw. ein Kontrastverhältnis von bis zu 1.000.000 : 1 durchaus möglich[70]. Aber auch wenn wir uns nicht im

[70] Busse Dirk (2010): High Dynamic Range Imaging. Bachelorarbeit, Umwelt-Campus Birkenfeld, Hochschule Trier, Trier

Extrembereich bewegen, hat eine Standardszene für das menschliche Auge einen Kontrastumfang von ca. 10.000 : 1. Die Sensorik in Standard-Kamerasystemen bildet demgegenüber jedoch lediglich ein Kontrastverhältnis von 1.000 : 1 ab (LDR-Kamera = Low Dynamic Range). Bis heute ist es noch nicht möglich, das gesamte Helligkeitsspektrum einer Szene in einer Fotografie festzuhalten.

Die Idee hinter der HDR-Fotografie besteht nun darin, HDR-Bilder zu erzeugen, um den Kontrastumfang an die Realität anzupassen. High Dynamic Range Image bedeutet dementsprechend so viel wie: Hochkontrastbild.

Es existieren unterschiedliche Möglichkeiten der Erzeugung von HDR-Bildern:

- Spezialkameras: Aktuell sind Bildsensoren in Entwicklung, die ein Bild mit vollem Dynamikumfang direkt erfassen können,
- mittels 3D-Computergrafiken künstlich erzeugen,
- indem HDR-Bilder aus Bildern mit einem geringen Dynamikumfang (so genannten Low-Dynamic-Range (LDR)-Bildern) zusammengefügt werden, erhöht sich ihr Kontrastumfang. Durch dieses Verfahren werden die Helligkeitsunterschiede eines Bildes realitätsnäher dargestellt.

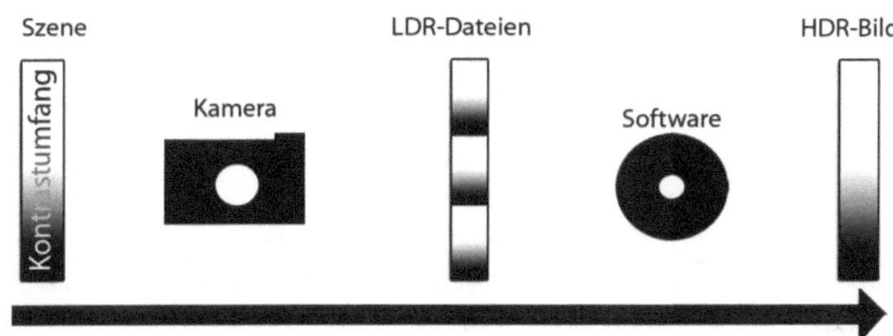

Abb. 77: Prinzip der Erzeugung von HDR-Bildern mittels einer LDR-Kamera[71]

Prinzipielle Vorgehensweise zur Erzeugung von HDR-Bildern:

- Eine Szene wird mehrmals mit unterschiedlichen Belichtungszeiten aufgenommen.
- Jedes Bild enthält dadurch unterschiedliche Pixel, die über- oder unterbelichtet wurden.
- Es wird davon ausgegangen, dass die Helligkeit und Farbe der meisten Pixel in mindestens einem Bild der Serie korrekt wiedergegeben werden.
- Jedes Einzelbild wird auf die gleiche Helligkeitseinheit gebracht, indem man die Pixelwerte durch die Belichtungszeit teilt.

---

[71] Busse Dirk (2010): High Dynamic Range Imaging. Bachelorarbeit, Umwelt-Campus Birkenfeld, Hochschule Trier, Trier

- Erzeugung eines finalen HDR-Bildes, indem der Mittelwert der Einzelbilder unter Ausschluss der über- und unterbelichteten Pixel berechnet wird.

HDR-Bilder können durchaus manuell erzeugt werden. Aktuelle Kamera- und Softwaresysteme in Kameras bzw. Smartphones ermöglichen jedoch zunehmend die Erstellung von HDR-Bildern ohne Nutzerinteraktion.

Der Anwendungsbereich von HDR-Bildern ist recht vielfältig und reicht von der Vermeidung von Über- und Unterbelichtung, sowie zur realitätsnahen Darstellung fotografischer Szenen in der Digitalfotografie, über den Einsatz in der Werbe-Industrie (z.B. Darstellung von Ausblicken aus Fenstern, bei denen sowohl der Raum als auch der Außenbereich geeignet abgebildet werden), bis hin zur 3D-Modellierung, um realistische Spiegelung und Ausleuchtungseffekte zu erreichen.

6.5.4 Morphing

Morphing beschreibt ursprünglich den Prozess eines fließenden Übergangs von einem Ausgangs- zu einem Endzustand. Wir verstehen darunter auf dem Gebiet der Visualisierung eine Animationstechnik zur Produktion von Metamorphosen, fiktiven Porträts etc.

Um eine solche Metamorphose von z.B. Gesichtern durchzuführen, benötigen wir zwei Ausgangsbilder, die sich in Größe und Auflösung ähneln. Nach einer ggf. erforderlichen Angleichung der Tonwerte sowie der Umsetzung weiterer bildverbessernder Maßnahmen werden in beiden Bildern Fixpunkte definiert, die im Rahmen des Morphing-Prozesses zusammengeführt werden sollen. Je mehr Bildpunkte in diesem Schritt gewählt werden, desto störungsfreier verläuft schließlich die final durchzuführende Verschmelzung beider Bilder.

6.6 Weiterführende Literatur

Enarnaco J., Strasser W.& R. Klein. Graphische Datenverarbeitung 2 – Modellierung komplexer Objekte und photorealistische Bilderzeugung. 4. Auflage. Oldenbourg Verlag, 1998

Jähne Bernd (2024): Digitale Bildverarbeitung und Bildgewinnung. 8. Auflage. Springer Verlag, Heidelberg

Lillesand, T. & Kiefer, R., J. Chipman (2015): Remote Sensing and Image Interpretation. 7th edition, Wiley, New York.

Nischwitz A., M. Fischer, P. Haberäcker & G. Socher (2020): Bildverarbeitung – Band II des Standardwerkes Computergrafik und Bildverarbeitung. 4. Auflage. Vieweg + Teubner Verlag, Wiesbaden

7 Immersive Computing

Die Lernfragen zu diesem Kapitel finden Sie unter:
https://narr.kwaest.io/s/1267

Lernziele

Nach der Durcharbeitung dieses Kapitels sollten Sie

- den Begriff des Immersive Computing erläutern können,
- die grundlegenden Prinzipien von Augmented- und Virtual Reality verstehen,
- Anwendungsfelder von Augmented und Virtual Reality einschätzen können,
- einen Überblick über den aktuellen Stand der Technik sowie über aktuelle Entwicklerwerkzeuge haben,
- die technischen Möglichkeiten und Grenzen von Anwendungen aus dem Bereich Immersive Computing einordnen können.

7.1 Begriffsklärung

Immersive Computing beinhaltet eine Reihe von Technologien, welche die Grenzen zwischen der physischen Realität und digitalen Welten verschwimmen lassen. Diese revolutionäre Technologie umfasst ein Spektrum an Erfahrungen, von der Erweiterung unserer realen Umgebung mit digitalen Informationen bis hin zum vollständigen Eintauchen in virtuell erschaffene Welten. Immersive Computing ist dabei ein Oberbegriff für VR, AR, *Mixed Reality* (XR) und *Spatial Computing* (SC).

Die Mitte der 2010er Jahre brachte einen Wendepunkt in der Entwicklung und dem öffentlichen Bewusstsein für Immersive Computing. Mit der Einführung bahnbrechender Geräte wie der Oculus Rift und der HTC Vive sowie dem weltweiten Phänomen Pokémon Go rückten *Virtual Reality* (VR) und *Augmented Reality* (AR) erstmals in den Fokus einer breiten Öffentlichkeit. Diese Entwicklungen zeigten eindrucksvoll das Potenzial von VR und AR, nicht nur als Nischenprodukte für Technikbegeisterte, sondern als massenmarkttaugliche Technologien, die das Potenzial haben, unsere tägliche Interaktion mit digitalen Informationen grundlegend zu verändern.

Virtual Reality (VR) schafft eine vollständig virtuelle Umgebung, die den Nutzer von der physischen Welt isoliert. Durch die Verwendung von *Head-Mounted Displays* (HMDs) wird eine immersive Erfahrung erzeugt, die es den Nutzern ermöglicht, in eine virtuelle Welt einzutauchen, die sowohl visuelle als auch haptische Reize bietet.

Ein Beispiel hierfür ist ein VR-Headset, das einem Spieler ermöglicht, in das Innere eines interaktiven Spiels einzutauchen, welches visuelle Landschaften bietet und darüber hinaus auch haptische Rückmeldungen liefert, wie zum Beispiel das Gefühl von Vibrationen, wenn man in der virtuellen Welt über unebenen Boden läuft.

Augmented Reality (AR) dagegen erweitert die reale Welt, indem diese mit digitaler Information überlagert wird. Mithilfe von Smartphones, Tablets oder spezialisierten Brillen können Nutzer digitale Objekte und Informationen in ihrer direkten Umgebung sehen, was eine erweiterte Form der Realität schafft.

Ein Beispiel hierfür ist die AR-App, die Möbel in Echtzeit in eine Wohnung projiziert, sodass man diese aus verschiedenen Winkeln betrachten und ihre Details erkunden kann, als ob sie tatsächlich vor einem stünden – und das alles über das eigene Smartphone oder Tablet.

Mixed Reality (XR) verschmilzt die physische mit der digitalen Welt, indem sie Elemente aus VR und AR kombiniert. Diese Technologie ermöglicht es realen und virtuellen Objekten, in Echtzeit miteinander zu interagieren, und bietet Nutzern eine noch tiefere Ebene der Immersion.

Ein XR-Headset könnte beispielsweise einem Ingenieur ermöglichen, an einem echten Autoteil zu arbeiten, während gleichzeitig zusätzliche Informationen oder virtuelle Werkzeuge in sein Sichtfeld eingeblendet werden, die ihm bei der Ausführung komplexer Aufgaben assistieren.

Spatial Computing (SC) geht noch einen Schritt weiter und nutzt die physische Welt als Plattform, um eine vollständige Integration von digitalen und realen Elementen zu ermöglichen. Durch die Berücksichtigung der räumlichen Dimensionen unserer Umgebung können digitale Objekte so platziert werden, dass sie in Echtzeit mit der realen Welt interagieren.

Ein Beispiel hierfür wäre ein Smart Home-System, das die Möbel und Räume des Hauses erkennt und es Nutzern ermöglicht, durch Gestensteuerung verschiedene Haushaltsgeräte zu bedienen, ohne jemals einen Schalter berühren zu müssen – eine Technologie, die nahtlose Interaktionen zwischen unserer physischen Umgebung und digitalen Steuerungselementen ermöglicht.

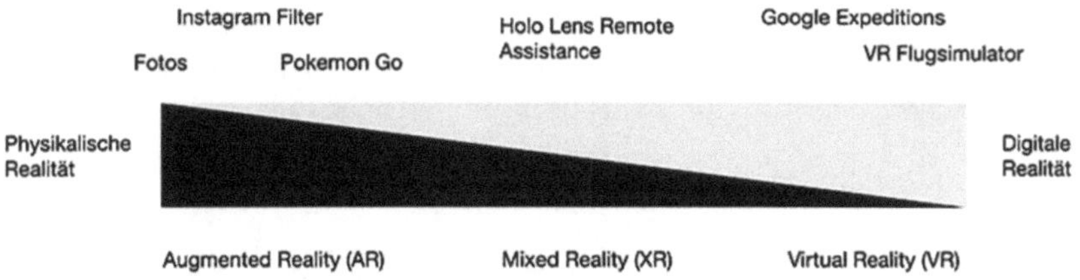

Abb. 78: Das Spektrum des Immerse Computings

Immersive Computing repräsentiert die nächste Stufe der Mensch-Computer-Interaktion, indem es Nutzern ermöglicht, auf intuitive und natürliche Weise mit digitalen Inhalten zu interagieren, die in ihre physische Welt integriert oder als vollständig neue Realität erschaffen werden. Durch die Nutzung von Immersive Computing-Technologien werden digitale Informationen nicht mehr ausschließlich auf Bildschirmen dargestellt. Stattdessen werden sie Teil unserer physischen Umgebung, erweitern unsere Wahrnehmung der Realität oder schaffen eine völlig neue Welt, in der wir interagieren können.

Dieses Kapitel führt in die grundlegenden Konzepte und Technologien des Immersive Computing ein und erkundet, wie sie unsere Interaktion mit digitalen Informationen transformieren und neue Möglichkeiten für Unterhaltung, Bildung, Arbeit und soziale Interaktion bieten.

7.2 Historische Entwicklung

Durch die zahlreichen Innovationen im Bereich des Immersive Computing in den letzten Jahren könnte leicht der Eindruck entstehen, es handle sich dabei um eine gänzlich neue Technologie, doch erste Visionen und Versuche virtuelle Wirklichkeiten zu erschaffen gibt es bereits seit Jahrzehnten. Was die Entwicklung von Immersive Computing lange Zeit ausbremste, war das Fehlen der nötigen technischen Voraussetzungen im Massenmarkt. Dieser Umstand hat sich aber nach und nach, zuerst im wissenschaftlichen und militärischen Bereich und schließlich in den letzten Jahren auch für Endkunden geändert. Obwohl die NASA bereits Mitte der neunziger Jahre VR-Systeme für den wissenschaftlichen Einsatz entwickelte, verhinderten noch für viele Jahre die hohen Kosten für die dafür benötigte Hardware eine weitere Verbreitung der Technologie. Mittlerweile sind bereits zahlreiche Smartphones AR-fähig und können mit entsprechendem Zubehör sogar VR darstellen. Handelsübliche PCs und Spielekonsolen, ausgestattet mit leistungsstarker Hardware, ermöglichen fortgeschrittene Erfahrungen wie zum Beispiel raumfüllende VR mit Echtzeit Tracking. Außerdem gibt es mittlerweile einige Standalone-VR Systeme die auch ohne Rechner, nur mit einem HMD und Controllern fortschrittliche VR realisieren.

Im Folgenden wird die historische Entwicklung von VR anhand einiger Meilensteine, von ersten Visionen und technischen Entwicklungen über verschiedene Realisierungsversuche bis hin zu heutigen VR-Systemen für Heimanwender dargestellt.

- **1860er**: Der französische avantgardistische Dramatiker Antonin Artaud vertrat im Hinblick auf Theater den Standpunkt, dass Illusion und Realität keine Gegensätze seien. Übertragen auf das Thema VR bedeutet dies, dass eine glaubwürdige Illusion in den Augen des jeweiligen Betrachters zur Realität werden kann.
- **1932**: Der amerikanische Physiker Edwin Herbert Land entwickelt den *Polaroid-Filter*. Dabei werden zwei, von verschiedenen Punkten aufgenommene Bilder übereinander projiziert und je eins für jedes Auge sichtbar gemacht, um in Bildern Tiefe darzustellen. Diese Technik kommt noch heute bei 3D-Filmen zum Einsatz, und die *Stereoskopie* bildet zugleich die Grundlage für heutige VR-Brillen.
- **1935**: Der US-amerikanische Science-Fiction Autor Stanley G. Weinbaum beschreibt in seiner Kurzgeschichte „Pygmalion's Spectacles" eine Maschine für virtuelle Realität, die holographische Erlebnisse darstellen und zudem olfaktorische und haptische Reize übertragen konnte.
- **1946**: *ENIAC*, die erste elektrische Rechenmaschine und Vorläufer heutiger Computer, wird fertiggestellt. Sie hatte eine Größe von über 160 Quadratmetern und wog circa 30 Tonnen. Ursprünglich wurde die Maschine für den zweiten Weltkrieg gebaut, kam aber später für diverse andere Zwecke wie beispielsweise Wettervorhersagen zum Einsatz.
- **1962**: Der Kameramann und Virtual Reality-Pionier Morton Heilig entwickelt einen ersten multisensorischen Virtual-Reality-Automaten, den *Sensorama*. Dabei handelte es sich um eine Art stereoskopisches Geruchskino, das verschiedene Gerüche sowie Wind erzeugen konnte und außerdem über eine Rüttelmechanik verfügte. Wegen der damals noch primitiven technischen Möglichkeiten und dem hohen Betriebsaufwand blieb es allerdings bei einem Prototyp.
- **1968**: Das erste Head Mounted Display, genannt „*The Sword of Damocles*" (Abb. 79), wird zur Darstellung eines im Raum schwebenden Drahtgitterwürfels verwendet. Die Grundlage bildet ein fünf Jahre zuvor von dem Wissenschaftlicher Ivan Edward Sutherland entwickeltes interaktives Grafikprogramm namens „*Sketchpad*". Das HMD war allerdings so schwer, dass es mittels einer Konstruktion an der Decke des Raums befestigt werden musste.
- **1985**: Die NASA startet zwei VR-Projekte, das *Virtual Environment Display-System (VIVED)* zum Training von Astronauten und zur Fernsteuerung von Robotern und das *Virtual Planetary Exploration-Project (VPE)* zur dreidimensionalen und interaktiven Visualisierung von Daten einer Mars-Sonde.
- **1989**: Der Zukunftsforscher Jaron Lanier formuliert mit den Worten „[eine] computergenerierte Umgebung, die die verschiedenen Sinne eines Nutzers stimuliert und Interaktionen erlaubt, wenn möglich in Echtzeit" seine Vision heutiger VR-Systeme.

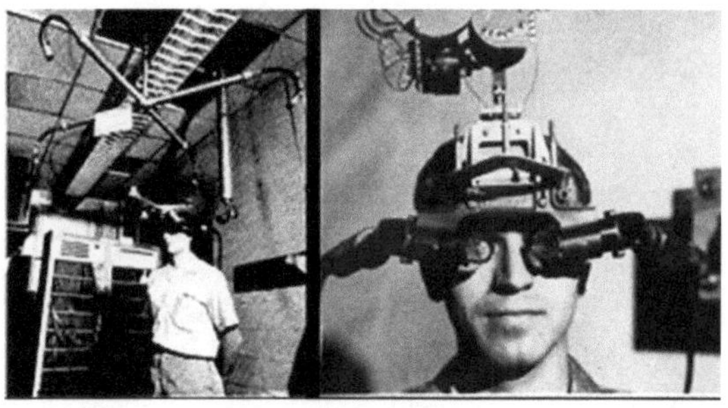

Abb. 79: The Sword of Damocles VR (1968)[72]

- **1992**: An der University of Illinois in Chicago präsentieren der Kunstprofessor Daniel Sandin und die beiden Informatiker Tom DeFanti und Carolina Cruz-Neira die *Cave Automatic Virtual Environment (CAVE).* Dabei handelt es sich um einen Raum, dessen sämtliche Flächen zur Projektion verwendet werden, um so eine virtuelle Umgebung zu erzeugen.
- **1993-95**: Unternehmen wie *Nintendo* oder *Sega* bringen die ersten Head Mounted Displays für Videospiele auf den Markt. Wegen zu hoher Preise und mangelnder technischer Ausgereiftheit – einige Geräte hatten eine Displayauflösung von lediglich 320 x 200 Pixeln – konnte sich jedoch keines der Produkte etablieren.
- **1996**: Mit *Voodoo-Graphics* kommt der erste 3D-Grafikchip für den nicht-professionellen Einsatz auf den Markt und legt damit den Grundstein für moderne Grafikkarten – einer Komponente von entscheidender Bedeutung für moderne VR.
- **2000**: Im Auftrag der US Air Force wird im Rahmen des *Virtual Cockpit Optimization Program (VCOP)* ein HMD entwickelt, das sich zwar mit einer Displayauflösung von 1920 x 1080 Pixeln auf dem Niveau heutiger VR-Brillen bewegte, zu jener Zeit aber für den durchschnittlichen Heimanwender noch unbezahlbar war.
- **2010**: Google veröffentlicht einen stereoskopischen 3D-Modus für das drei Jahre zuvor veröffentlichte *Street View* und bietet somit eine theoretisch VR-kompatible Darstellung und die Grundlage für das Ende 2016 erschienene *Google Earth VR.*
- **2012**: Der Designer Palmer Luckey entwickelt den ersten Prototypen der *Oculus Rift,* eines VR-Headsets explizit für Computerspiele, und präsentiert ihn auf der E3. Zur Finanzierung wird eine Crowdfunding-Kampagne auf Kickstarter platziert.
- **2015:** Der Hardware-Hersteller HTC und Valve, der Betreiber der Spiele-Plattform Steam, kündigen ihr VR-System *HTC Vive* an.

[72] https://www.researchgate.net/figure/The-Sword-of-Damocles_fig1_326444949

- **2016:** Nacheinander kommen im März *Oculus Rift*, im April *HTC Vive* und im Oktober *Playstation VR* für Endkunden auf den Markt. Vor allem *Playstation VR* wird durch die preiswerte Hardware, mit allein bis Ende 2016 750.000 verkauften Einheiten, ein voller Erfolg.
- **2019:** Die ersten Stand-alone-VR-Systeme wie die *Oculus Quest*, die ohne PC oder Konsole funktionieren, kommen auf den Markt und machen VR noch zugänglicher. Mit internem Tracking und der Möglichkeit, VR überall zu erleben, werden neue Märkte und Anwendungsbereiche erschlossen.
- **2019:** Microsoft veröffentlich mit der *HoloLens 2* ein System, das Spatial Computing-Funktionen mit Mixed Reality kombiniert, so dass Nutzer holographische Bilder sehen und mit diesen in einer realen Umgebung interagieren können.
- **2023:** Mit der *Vision Pro* stellt Apple ein Spatial Computing-System vor, das durch fortschrittliches Tracking und AR-Funktionen die Interaktion mit digitalen Informationen in einem physischen Raum ermöglicht.

7.3 Anwendungsbeispiele

Die Bereiche, in denen Immersive Computing sinnvoll eingesetzt werden kann, sind vielfältig. Sie reichen vom Einsatz als Entertainment- oder Gaming-Medium im privaten Bereich über die Verwendung in der Industrie, im Marketing, in der Bildung bis hin zum Einsatz in der Medizin als Therapiemittel im professionellen Bereich. In diesem Abschnitt werden exemplarisch einige Beispiele für den Einsatz verschiedener Immersive Computing-Technologien in verschiedenen Bereichen aufgezeigt.

Virtual Reality wurde zuerst im militärischen Umfeld entwickelt, da dort die benötigten Mittel für die anfangs noch sehr aufwändige und teure Technologie zur Verfügung standen. Hier fand VR vor allem als Umgebung für die Ausbildung und Simulation Verwendung. Beispielsweise konnte das Führen und Warten verschiedenster Fahrzeuge virtuell trainiert werden.

In Form von Flugsimulatoren fand VR auch früh den Weg in die Pilotenausbildung und für verschiedenen Simulationen zur NASA. Im militärischen Bereich dient VR auch zur Simulation von Gefechtssituationen für das Trainieren der Entscheidungsfindung in Stresssituationen.

Der naheliegendste Verwendungszweck einer Technologie, die den Anwender in jede nur denkbare virtuelle Umgebung befördern und mit ihr interagieren lassen kann. ist naturgemäß der als Entertainment-Medium. Von einfachen 360°-Bildern und Videos für Smartphones bis hin zu eindrucksvollen Videospielen in VR mit leistungsstarker Hardware kann VR fast jeden Aspekt digitaler Unterhaltung bereichern.

Bei den Anwendungen handelt es sich dabei in erster Linie um Mini- und Gelegenheitsspiele sowie um Sightseeing- und Edutainment-Anwendungen. Ende

2017 erschienen darüber hinaus die ersten AAA-Games, die für VR portiert wurden. “AAA“ (oder “Triple-A“) ist ein informeller Klassifikationsbegriff für Videospiele mit einem sehr hohen Produktions- und Promotion-Budget. Eigens für VR produzierte Games dieser Kategorie sind momentan wegen des noch überschaubaren Markts vorerst nicht in Aussicht. Zusätzlich zu solchen interaktiven Anwendungen werden 360° Videos ein zunehmend größeres Thema. Denkbar wären zukünftig auch Spielfilme in VR, wobei hier der Produktionsaufwand deutlich höher wäre als bei einem herkömmlichen Film, oder Live-Übertragungen von Events.

Hierbei ist die amerikanische Profi-Basketball-Liga ein Vorreiter, die seit der Spielzeit 2016/17 ausgewählte Spiele in einer 360°-Perspektive online überträgt. Solche Entertainment Anwendungen sind zudem derzeit der Hauptgrund für die Verbreitung von VR im privaten Bereich und dienen somit als Wegbereiter für weitere Anwendungen.

In der Industrie wird VR bereits für verschiedene Aufgaben verwendet. Ob beim Entwurf von Design-Prototypen, bei Messe-Exponaten oder bei der Kundenpräsentation bringt VR eine Vielzahl von Vorzügen mit. So können beispielsweise Design-Prototypen in einer realitätsnahen Darstellung begutachtet und diskutiert werden, ohne sie erst produzieren zu müssen, wodurch sowohl Zeit als auch Material gespart werden können. Im Maschinenbau kann VR in fast allen Produktionsschritten, von der Konzeption, über die Simulation und die Qualitätssicherung, bis hin zum Verkauf, verwendet werden. Auch auf Messen und bei Kundenpräsentationen kann VR durch die gute Portabilität sowie die überzeugende Darstellung von Produkten punkten.

Mit wachsender Verbreitung von VR-Systemen durch sinkende Anschaffungskosten und fortschreitende Entwicklung kann die Technologie außerdem genutzt werden, um Produkte für Endkunden über das Internet zu präsentieren.

Auch als Bildungsmedium bietet VR viele Vorzüge gegenüber bisher verwendeten Medien. Geeignete Themengebiete können mit Hilfe von VR ansprechend präsentiert und vermittelt werden, wodurch das Interesse und die Motivation der Auszubildenden gesteigert werden kann und damit letztendlich auch der Lernerfolg besser ausfällt. Denkbar wäre zum Beispiel der Einsatz von Google Earth-ähnlichen Anwendungen im Geografie-Unterricht, virtuelles Sezieren von Tieren oder Pflanzen im Biologie-Unterricht und sogar die Darstellung von höher dimensionalen Funktionen im Mathematik-Unterricht. Mit rechtem Maß eingesetzt hat VR auch hier ein großes Potenzial.

Sogar in der Medizin eröffnet VR neue Möglichkeiten sowohl als Therapiemittel als auch als Tool für Ärzte und sogar in der Ausbildung angehender Mediziner. Studierende können beispielsweise virtuell Leichen sezieren oder Operationen simulieren, was eine effizientere und kostengünstigere Ausbildung ermöglicht. Genauso können praktizierende Ärzte bei der Diagnosestellung auf virtuelle Darstellungen der Symptome zurückgreifen oder sich in VR auf komplizierte Operationen vorbereiten. Auch ferngesteuerte Operationen durch Roboter, können von einer immersiveren Darstellung der Szenerie für den ausführenden Mediziner profitieren.

Ein weiteres großes Einsatzfeld ist die VR-unterstützte Therapie verschiedenster Krankheiten, darunter Suchterkrankungen, Phobien oder bei chronischen Schmerzen. Suchtpatienten können in virtuellen Umgebungen trainieren, ihrem Verlangen zu widerstehen. Phobiker können in einer sicheren und trotzdem glaubhaften Umgebung mit ihren Ängsten konfrontiert werden.

Sogar beim Lindern von Schmerzen konnten mit VR bereits sehr positive Effekte erzielt werden. Bei Opfern von schweren Verbrennungen, die sich während eines Verbandwechsels in einer virtuellen Schneelandschaft aufhielten, konnten die Schmerzen um fast die Hälfte reduziert werden, was in etwa dem Effekt einer Dosis Morphium entspricht. Sogar Alzheimer-Patienten sprachen positiv auf virtuelle Rekonstruktionen von Orten aus ihrer Kindheit an.

Auch VR gestützte virtuelle Präsenz könnte bereits in naher Zukunft ein großes Thema werden. Dabei können sich Menschen ähnlich wie in sozialen Netzwerken oder Foren virtuell begegnen und kommunizieren. Denkbare Szenarien hierfür wären neben Social Media und Gaming zum Beispiel Meetings, Konferenzen oder sogar Messen. Somit könnte bei Bedarf auf weite Anreisen und den damit verbundenen großen Zeitaufwand verzichtet werden, ohne dabei die Distanz einer Telefon- oder Videokonferenz in Kauf nehmen zu müssen. Verbunden mit erweiterten Körper- und Gesichts-Tracking könnten sich Beteiligte, repräsentiert durch ihre Avatare, virtuell am selben Ort aufhalten und dabei ähnlich gut miteinander interagieren, als wenn sie sich tatsächlich gemeinsam in einem Raum befänden. Dazu kämen außerdem die nahezu unbegrenzten darstellerischen Möglichkeiten einer virtuellen Umgebung.

Augmented Reality hat mittlerweile in verschiedenen Feldern den Weg in den privaten und professionellen Alltag vieler Menschen gefunden. Im Einzelhandel hat AR das Einkaufen verändert. Kunden können mit ihren Mobilgeräten oder AR-Brillen Produkte in 3D betrachten, als wären sie physisch vorhanden. Luxusmarken wie Rolex bieten Apps, mit denen Kunden Uhren virtuell anprobieren können, was ein persönliches Einkaufserlebnis von zu Hause aus ermöglicht. Kosmetikmarken nutzen AR, um Kunden zu erlauben, Make-up auf ihr gespiegeltes Selbst anzuwenden, was eine sichere und hygienische Möglichkeit bietet, Produkte auszuprobieren.

In der Bildung ermöglicht AR interaktives Lernen auf eine Weise, die Bücher oder traditionelle Medien nicht können. Beispielsweise kann ein AR-basiertes Astronomie-Programm Sternbilder über das Bild des nächtlichen Himmels projizieren, was Studierenden hilft, die Konstellationen zu identifizieren und zu lernen.

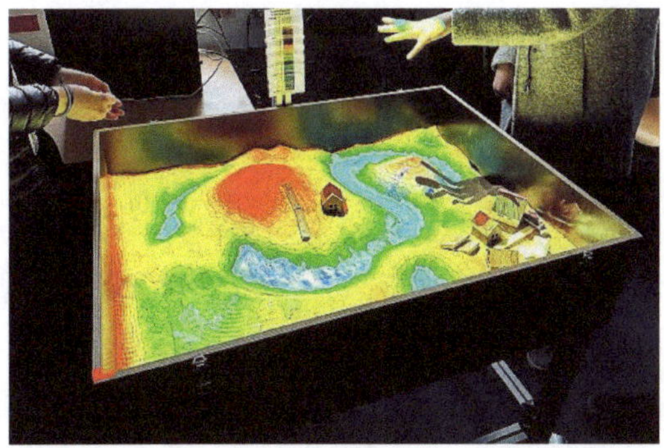

Abb. 80: Augmented Reality Sandbox zur spielerischen Sensibilisierung für Gefahren durch Hochwasserereignisse

In Museen ergänzen AR-Führungen die Exponate, indem sie zusätzliche historische Informationen oder rekonstruierte Ansichten direkt neben den realen Ausstellungsstücken anzeigen. Im Gesundheitswesen unterstützt AR-Ärzte und Chirurgen bei komplexen Eingriffen. Durch das Einblenden von Bildgebungsdaten direkt ins Sichtfeld, können Chirurgen während der Operationen wichtige Informationen einsehen, ohne den Blick vom Patienten abwenden zu müssen.

AR wird auch in der Rehabilitation eingesetzt, um Patienten durch interaktive Übungen zu leiten, die auf einem Bildschirm in Echtzeit überlagert werden und helfen, die Genesung zu beschleunigen. In der Industrie wird AR für Wartungs- und Reparaturarbeiten eingesetzt. Techniker können durch AR-Brillen Zugriff auf Handbücher und Schemata erhalten, während sie an Maschinen arbeiten, was die Effizienz erhöht, und Fehler reduziert.

Ferner ermöglicht AR in der Architektur und im Bauwesen, dass Planungen und Änderungen an Bauprojekten in der realen Umgebung visualisiert werden können, bevor physische Änderungen vorgenommen werden. In der Stadtplanung und Architektur können durch AR-Simulationen ganze Städte oder Gebäude virtuell über bestehende Strukturen gelegt werden, um die Auswirkungen von Bauprojekten zu visualisieren und zu bewerten, bevor diese realisiert werden. Dies hilft, ein besseres Verständnis für das zukünftige Stadtbild zu entwickeln und die Planung zu optimieren.

Im Bereich der sozialen Interaktion erweitert AR unsere Kommunikationsmöglichkeiten. Apps wie Snapchat haben mit ihren Filtern, die in Echtzeit ins Gesicht der Nutzer gelegt werden, eine neue Form der visuellen Kommunikation geschaffen, die inzwischen zu einem festen Bestandteil des sozialen Austausches geworden ist.

Mixed Reality erweitert die Möglichkeiten der Augmented Reality, indem nicht nur digitale Informationen in die reale Umgebung eingeblendet werden, sondern auch eine Interaktion zwischen realen und virtuellen Objekten ermöglicht wird.

Im Bildungsbereich revolutioniert XR das Lernerlebnis. Studierende der Medizin können zum Beispiel mittels XR-Headsets menschliche Anatomie in 3D erforschen, wobei sie durch das menschliche Gewebe "hindurchsehen" und einzelne Organe aus unterschiedlichen Blickwinkeln betrachten können. Diese Technologie ermöglicht eine interaktive und tiefgreifende Lernerfahrung, die weit über traditionelle Lehrmittel hinausgeht.

In der Industrie ermöglicht XR eine neue Ebene der Produktentwicklung und Prototypenerstellung. Ingenieure können physische Prototypen mit virtuellen Überlagerungen kombinieren, um Designänderungen in Echtzeit zu visualisieren und zu bewerten.

So können beispielsweise Automobilhersteller die Aerodynamik eines Fahrzeugmodells in einer XR-Umgebung testen und sofortige Anpassungen vornehmen, ohne neue physische Prototypen erstellen zu müssen.

Im Gesundheitswesen eröffnet XR neue Wege für die chirurgische Ausbildung und Planung. Chirurgen können komplexe Eingriffe an virtuellen Patienten üben, wobei reale Instrumente zum Einsatz kommen, die innerhalb der XR-Umgebung reagieren. Dies bietet eine realitätsnahe Trainingsumgebung, die das Risiko für Patienten minimiert und die chirurgische Präzision verbessert.

In der Unterhaltungsindustrie schafft XR immersive Erlebniswelten, die über traditionelle Medien hinausgehen. Bei Live-Events, wie Konzerten oder Sportveranstaltungen, können Zuschauer mittels XR-Brillen Zusatzinformationen zu Künstlern oder Spielern erhalten oder interaktive Elemente direkt ins Geschehen eingeblendet bekommen. Dies steigern das Erlebnis und die Interaktion des Publikums.

In der Fernarbeit und Kollaboration ermöglicht XR-Teams, in einer gemeinsamen virtuellen Umgebung zusammenzukommen, als wären sie im selben Raum. Projektmitglieder können an 3D-Modellen arbeiten, diese rotieren, skalieren und bearbeiten, während sie durch die XR-Brille die realen Reaktionen ihrer Kollegen sehen.

Selbstverständlich waren dies nur einige Beispiele wie Immersive Computing gewinnbringend eingesetzt werden kann und es kommen ständig neue Ideen hinzu. Diese Beispiele zeigen, dass Immersive Computing das Potenzial hat, fast jeden Aspekt unseres Lebens zu beeinflussen, indem es die Art und Weise, wie wir mit unserer Umgebung interagieren, neu definiert. Durch die Verschmelzung der digitalen mit der physischen Welt schaffen die verschiedenen Technologien faszinierende neue Möglichkeiten für Interaktion, Innovation und Effizienz.

7.4 Erstellung von Anwendungen

Spatial Computing-Inhalte sind äußerst vielgestaltig und reichen von vergleichsweise einfachen 360°-Bildern und Videos bis hin zu umfangreichen und komplexen interaktiven Simulationen oder Videospielen. Ähnlich vielseitig sind auch die Herangehensweisen und die benötigten Tools für das Erstellen solcher Inhalte. Die umfassende und detaillierte Erstellung solcher Inhalte erfordert ein tiefgreifendes technisches Verständnis, kreative Vision und interdisziplinäre Zusammenarbeit.

7.4.1 Technische Aspekte und Entwicklungsframeworks

Nicht-interaktive Inhalte wie Bilder oder Videos können mittlerweile von handelsüblichen (Smartphone-)Kameras „on-the-fly" generiert werden. Auch die meisten Softwaretools für Bildbearbeitung und Videoschnitt im professionellen Bereich unterstützen das Arbeiten mit solchen 360° Medien.

Deutlich komplexer wird der Prozess, wenn **interaktive, nicht-lineare Anwendungen** erstellt werden sollen. Da solche Anwendungen, egal ob Spiel oder Simulation, bezüglich ihrer Beschaffenheit und Inhalte (virtuelle Welt, Benutzer-Avatar, virtuelle Objekte/Personen), Interaktionen eine etwaige Handlung, ...) Videospielen sehr ähnlich sind, gilt dies auch für ihre Erstellung.

Folglich bieten sich für diesen Zweck so genannte Spiel-Engines oder Game-Engines an welche verschiedene Immersive Computing Technologien unterstützen. Bei Spiel-Engines handelt es sich um Software-Toolboxen die verschiedenen Funktionen, häufig auch graphische Editoren, für das Erstellen von Videospielen bereitstellen. Es gibt eine Vielzahl solcher Engines, wobei viele große Entwicklerstudios ihre Software nur für eigenen Produktionen verwenden. Daneben gibt es aber auch einige Studios, die ihre Engines unter bestimmten Bedingungen öffentlich zugänglich machen.

Die spezifischen Immersive Computing-Funktionen wie das duale Rendering der Bildausgabe für die Darstellung mit HMDs oder das Tracking von Controllern wird in der Regel von speziellen Plugins übernommen. Neben diesen Tools gibt es zudem auch eine Reihe von dedizierten Tools und Frameworks die speziell für die Entwicklung von Immersive Computing-Anwendungen entwickelt wurden.

In der Regel müssen virtuelle Objekte oder eine virtuelle Umgebung in Form von **3D-Modellen** erstellt oder anderweitig bezogen werden (vgl. Kapitel 5). Das gleiche gilt für sämtliche in der Szene enthaltenen Elemente.

Ein weiterer Kernbereich ist die Programmierung des Logikparts. Dies umfasst unter anderem mögliche **Interaktionen** des Anwenders mit der virtuellen Umgebung, das Mapping verschiedener Aktionen auf vorhandene Controller und generell der inhaltliche Ablauf der Anwendung. Dies wird in der Regel durch das Schreiben von Programmcode in einer bestimmten unterstützten Programmiersprache erreicht, einige Tools bieten jedoch auch vereinfachte visuelle Programmierschnittstellen, so dass im Zweifel auch ohne „echte" Programmierkenntnisse in der Engine programmiert werden kann.

Für die Erstellung von Inhalten für Immersive Computing ist eine gründliche Kenntnis verschiedener Software-Tools und Frameworks nötig. Diese Technologien bieten die Grundlage, auf der Entwickler und Designer innovative, interaktive und immersiv-reiche Anwendungen bauen können. Hier eine detaillierte Betrachtung einiger Schlüsseltools und Frameworks:

- ***ARKit* (Apple)**[73] und ***ARCore* (Google)**[74] sind essenziell für die Entwicklung von AR-Anwendungen auf iOS- und Android-Plattformen. Beide bieten Funktionen wie Umgebungserkennung, Lichtschätzung und Motion Tracking, die es Entwicklern ermöglichen, digitale Objekte realistisch in die physische Welt zu integrieren. Die neuesten Versionen von *ARKit* beinhalten LiDAR-Scanner-Unterstützung für verbessertes räumliches Mapping, während die in *ARCore* enthaltenen *Cloud Anchors* das Teilen von AR-Inhalten zwischen mehreren Nutzern in Echtzeit ermöglichen.
- Das ***Microsoft Mixed Reality Toolkit* (MRTK)**[75] ist ein Open-Source-Projekt, das eine Reihe von Werkzeugen, Komponenten und Features für die Entwicklung von Mixed Reality-Anwendungen auf der HoloLens und anderen Windows Mixed Reality Headsets bietet. Es umfasst UI-Komponenten, Interaktionsmodelle, räumliche Audio-Unterstützung und mehr, um die Entwicklung von XR-Anwendungen zu beschleunigen und zu vereinfachen.
- ***Vuforia***[76] ist ein AR-Entwicklungsplattform, die Entwicklern ermöglicht, AR-Erfahrungen für eine Vielzahl von Plattformen zu erstellen. Es bietet fortschrittliche Computer Vision-Technologie, um reale Objekte zu erkennen und zu verfolgen, was es ideal für Anwendungen macht, die Produktkataloge, Spiele und Bildungstools umfassen.
- ***WebXR***[77] ist eine API, die die Erstellung von VR- und AR-Erfahrungen direkt im Webbrowser ermöglicht. Dies öffnet die Tür für zugängliche immersive Erfahrungen ohne die Notwendigkeit, spezielle Apps herunterzuladen. Entwickler können *WebXR* nutzen, um interaktive 3D-Welten zu erstellen, die über einen Standard-Webbrowser auf einer Vielzahl von Geräten zugänglich sind.
- ***Unity 3D***[78] ist eine der populärsten Entwicklungsplattformen für die Erstellung von VR-, AR- und XR-Anwendungen. Seine Stärke liegt in der Flexibilität

[73] https://developer.apple.com/augmented-reality/arkit/

[74] https://developers.google.com/ar?hl=de

[75] https://github.com/MixedRealityToolkit/

[76] https://www.ptc.com/de/products/vuforia

[77] https://immersiveweb.dev/

[78] https://unity.com/de

und in der breiten Unterstützung verschiedener Plattformen, von mobilen Geräten über Desktops bis hin zu Spielkonsolen. Unity bietet eine umfassende Suite von Werkzeugen für 3D-Modellierung, Animation, Partikeleffekte und Audioverwaltung. Für Entwickler, die AR-Inhalte erstellen möchten, integriert Unity nahtlos mit *ARKit* und *ARCore*, ermöglicht somit die Entwicklung von AR-Anwendungen für iOS und Android mit fortschrittlichen Features wie Gesichtserkennung und räumlichem Audio.

- Die ***Unreal Engine***[79] von Epic Games ist bekannt für ihre hochwertige Grafik- und Physik-Engine, die die Erstellung von visuell beeindruckenden VR- und AR-Erlebnissen ermöglicht. Mit dem Blueprint-Visual-Scripting-System können auch Nicht-Programmierer komplexe Interaktionen und Logiken gestalten. Die Engine unterstützt Live-Link-Face für iPhone, das Echtzeit-Gesichtsanimationen für Charaktere in der *Unreal Engine* ermöglicht, was besonders für XR-Anwendungen nützlich sein kann.

7.4.2 Tracking und Erfassung der Umgebung

Die präzise Erfassung und das Tracking der Umgebung sowie der Position und Orientierung der Hardware in Relation sind grundlegende Techniken, die das Fundament für überzeugende und interaktive Erlebnisse bilden. Diese Verfahren sind entscheidend, um eine kohärente und immersiv wirkende Integration von digitalen Inhalten in die reale Welt zu gewährleisten oder um Benutzer vollständig in eine virtuelle Umgebung einzutauchen. Verschiedene Technologien und Ansätze werden eingesetzt, um diese Ziele zu erreichen.

Optisches Tracking verwendet Kameras, um Licht (sowohl sichtbares als auch infrarotes) zu erfassen und die Position und Orientierung von Objekten im Raum zu bestimmen.

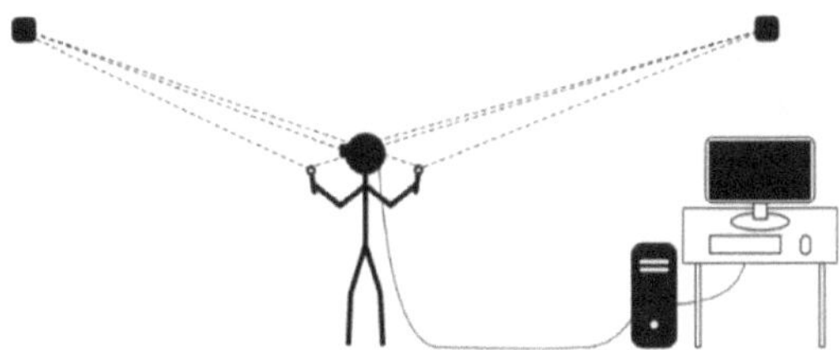

Abb. 81: Optisches Tracking am Beispiel des Lighthouse Tracking Systems der HTC Vive

In AR- und XR-Anwendungen ermöglichen es optische Tracking-Systeme, die reale Umgebung zu erfassen und virtuelle Objekte präzise in dieser Umgebung zu verankern. Für VR-Systeme ist optisches Tracking entscheidend, um die Bewe-

[79] https://www.unrealengine.com/de

gungen des Benutzers im physischen Raum auf die virtuelle Umgebung zu übertragen.

Inertiale Messsysteme, die aus Beschleunigungsmessern und Gyroskopen bestehen, sogenannte *Inertial Measurement Units* (IMUs), werden häufig in VR-/AR-Headsets und Controllern verwendet.

Sie erfassen lineare Beschleunigungen und Drehbewegungen, um Bewegungen und Orientierungen relativ zum Startpunkt zu bestimmen. Die Kombination von IMU-Daten mit optischem Tracking verbessert die Genauigkeit und reduziert Latenzen bei der Positionsbestimmung.

Simultane Lokalisierung und Mapping (SLAM) ist eine fortgeschrittene Technik, die besonders in AR- und XR-Systemen Anwendung findet. Sie ermöglicht es einem Gerät, seine eigene Position in einem unbekannten Raum zu bestimmen und gleichzeitig eine Karte dieser Umgebung zu erstellen.

SLAM vereint optische Sensordaten, IMU-Messungen und komplexe Algorithmen, um ein detailliertes Verständnis der Umgebung zu erlangen und virtuelle Inhalte präzise in die reale Welt einzufügen.

Moderne AR-/XR-Systeme nutzen fortschrittliche Computer Vision- und KI-Technologien, um die Umgebung zu erkennen und zu modellieren. Dies umfasst die Identifizierung von Oberflächen, Wänden, Objekten und anderen Merkmalen der physischen Welt. Diese Informationen sind entscheidend für das Platzieren und Interagieren mit virtuellen Objekten in einer Weise, die physikalisch konsistent und überzeugend ist.

Die Integration dieser Tracking- und Umgebungserfassungstechnologien in die Entwicklung von VR-/AR-/XR-Anwendungen ist essenziell, um Nutzererlebnisse zu schaffen, die intuitiv, immersiv und flüssig sind. Entwickler müssen die Stärken und Einschränkungen jeder Technologie verstehen und berücksichtigen, wie Umgebungsbedingungen (z.B. Beleuchtung, räumliche Gegebenheiten) die Leistung der Tracking-Systeme beeinflussen können. Die Fähigkeit, präzise und konsistente Tracking-Daten zu generieren, beeinflusst direkt die Qualität der Benutzerinteraktion und das Eintauchen in die virtuelle Welt. Darüber hinaus erfordert die Schaffung realistischer und überzeugender virtueller Umgebungen ein tiefes Verständnis dafür, wie digitale Inhalte nahtlos in die physische Umgebung integriert oder wie Benutzer effektiv in vollständig virtuelle Szenarien versetzt werden können.

7.4.3 Gestaltung der Benutzererfahrung

Die Gestaltung von Benutzererfahrungen (User Experience, UX) in immersiven Technologien wie VR, AR, XR und Spatial Computing erfordert ein tiefes Verständnis dafür, wie Nutzer mit digital erweiterten Umgebungen interagieren. UX-Design in diesen Bereichen geht weit über traditionelle Bildschirminteraktionen hinaus und berührt Aspekte der räumlichen Wahrnehmung, physischen Interaktion und intuitiven Navigation.

Ein zentrales Ziel bei der Gestaltung von UX für immersives Computing ist die Schaffung eines Gefühls von Immersion und Präsenz. Nutzer sollten sich so fühlen, als wären sie tatsächlich Teil der virtuellen oder durch digitale Elemente erweiterten Welt. Dies erfordert eine sorgfältige Abstimmung von visuellen, auditiven und haptischen Feedbackmechanismen, um eine kohärente und glaubwürdige Erfahrung zu schaffen. Beispielsweise sollte die auditive Umgebung die visuellen Elemente ergänzen und räumliche Hinweise bieten, die die Orientierung und die Immersion verstärken.

In immersiven Umgebungen müssen Interaktionen natürlich und intuitiv sein. Entwickler und Designer müssen über traditionelle GUI-Elemente (Graphical User Interface) hinausdenken und stattdessen gestenbasierte, sprachgesteuerte und blickbasierte Interaktionsmodelle in Betracht ziehen.

Das Design muss auch die Einschränkungen der Hardware berücksichtigen, wie die Genauigkeit von Tracking-Systemen und die Ergonomie der Eingabegeräte. In VR- und XR-Anwendungen kann dies die Implementierung von virtuellen Händen oder Werkzeugen umfassen, die Nutzer intuitiv für Interaktionen in der virtuellen Welt nutzen können. Die Navigation in immersiven Umgebungen stellt besondere Herausforderungen dar. Designer müssen Wege finden, Nutzer effektiv durch virtuelle oder erweiterte Räume zu führen, ohne dabei das Gefühl von Immersion zu beeinträchtigen. Dies kann durch subtile visuelle Hinweise, Wegweiser oder sogar durch geführte Touren erreicht werden.

In AR-Anwendungen ist es besonders wichtig, die Überlagerung von Informationen so zu gestalten, dass sie die reale Welt ergänzen und nicht überladen. Ein weiterer wichtiger Aspekt des UX-Designs in immersiven Technologien ist die Möglichkeit zur Anpassung und Personalisierung. Nutzer sollten in der Lage sein, ihre Erfahrungen nach ihren Vorlieben zu gestalten, sei es durch die Anpassung der Benutzeroberfläche, die Auswahl von Interaktionsmodellen oder die Personalisierung von Inhalten. Diese Flexibilität kann die Benutzerakzeptanz erhöhen und dazu beitragen, dass sich die Erfahrung für jeden Nutzer einzigartig und persönlich anfühlt.

Schließlich ist die Zugänglichkeit ein kritisches Element im Designprozess. Immersive Technologien sollten für ein breites Publikum zugänglich sein, einschließlich Menschen mit unterschiedlichen physischen Fähigkeiten. Dies erfordert die Implementierung von Designprinzipien, die sicherstellen, dass alle Nutzer unabhängig von ihren individuellen Bedürfnissen und Fähigkeiten vollständig an der Erfahrung teilhaben können. Beispielsweise sollten alternative Interaktionsformen für Nutzer angeboten werden, die nicht in der Lage sind, bestimmte Gesten oder Bewegungen auszuführen.

7.4.4 Performance-Optimierung

Eine flüssige Performance der Anwendung ist eine zentrale Qualitätsanforderung, die eine Immersive Computing Anwendung erfüllen muss. Die Optimierung der Performance und das umfassende Testen sind folglich entscheidende Schritte in der Entwicklung immersiver Anwendungen, die VR, AR, XR und Spatial Computing-Anwendungen umfassen. Diese Prozesse gewährleisten nicht nur eine flüssige und ansprechende Nutzererfahrung, sondern sind auch entscheidend, um physische Unannehmlichkeiten wie Motion-Sickness zu vermeiden.

Eine der größten Herausforderungen in immersiven Umgebungen ist das Rendering von hochauflösenden Grafiken in Echtzeit. Entwickler müssen Grafikassets sorgfältig optimieren, indem sie Techniken wie *Level of Detail (LOD)*, *Occlusion Culling* und effiziente Schattierung verwenden. LOD reduziert die Detailstufe von Objekten basierend auf ihrer Entfernung zum Betrachter, Occlusion Culling vermeidet das Rendering von Objekten, die von anderen Objekten verdeckt werden, und effiziente Schattierungstechniken reduzieren den Rechenaufwand für Lichteffekte.

Auch die Größe und Komplexität der Assets müssen sorgfältig verwaltet werden, um die Ladezeiten zu minimieren und die Speichernutzung zu optimieren. Dies beinhaltet die Verwendung von komprimierten Texturen und die sorgfältige Auswahl der Asset-Formate, die sowohl Qualität als auch Performance berücksichtigen.

Für Anwendungen, die eine Netzwerkverbindung erfordern, ist die Optimierung des Datenverkehrs entscheidend. Entwickler sollten effiziente Datenübertragungsprotokolle verwenden und Datenkompressionstechniken einsetzen, um Latenz zu minimieren und eine reibungslose Erfahrung auch bei schwächeren Verbindungen zu gewährleisten.

Um die Erfüllung dieser Anforderungen sicherzustellen sind ausgiebige Tests verschiedener Aspekte nötig. Usability-Tests sind unerlässlich, um sicherzustellen, dass die Anwendungen intuitiv und zugänglich sind. Dies beinhaltet die Bewertung der Benutzeroberfläche, der Navigation und der Interaktionsmechanismen in verschiedenen immersiven Umgebungen. Nutzerfeedback ist hierbei von unschätzbarem Wert, um Bereiche für Verbesserungen zu identifizieren. Da immersive Technologien auf einer Vielzahl von Geräten mit unterschiedlichen Spezifikationen laufen, ist Cross-Plattform-Testing entscheidend. Entwickler müssen sicherstellen, dass die Anwendung auf allen Zielplattformen konsistent funktioniert, von High-End-VR-Headsets bis hin zu mobilen AR-Geräten. Durch das Setzen von Performance-Benchmarks und das regelmäßige Überprüfen der Anwendungen gegen diese Benchmarks können Entwickler Engpässe identifizieren und beheben. Dies beinhaltet die Überwachung der Bildwiederholrate, der Reaktionszeit und des Speicherverbrauchs unter verschiedenen Betriebsbedingungen.

Um die Robustheit der Anwendung zu gewährleisten, sind Stresstests unter extremen Bedingungen erforderlich. Dies umfasst das Testen der Anwendung unter Höchstlastszenarien, um zu sehen, wie sie unter Druck reagiert, und um sicherzustellen, dass sie auch in anspruchsvollen Situationen stabil bleibt.

7.4.5 Beispiel: Interaktive VR-Historytainment-Anwendung

Zur Veranschaulichung folgt nun die kurze Beschreibung der Umsetzung einer interaktiven VR-Anwendung mit einer Game- Engine, in diesem Fall am Beispiel der *CryEngine*. Die hier beschriebene Anwendung ermöglicht die Besichtigung einer historischen Römersiedlung in VR mit der *HTC Vive*. Dabei können sich Nutzer frei in der Siedlung umherbewegen und erhalten dabei Informationen über die Anlage in Text- und Audioform.

Ein erster Schritt ist die Erstellung bzw. Beschaffung der für die 3D-Szene benötigten Objekte inklusive der zugehörigen Texturen. Im Fall der Römersiedlung umfassten diese die verschiedenen Gebäudestrukturen, eine Vielzahl an Pflanzen und Vegetation, Texttafeln für Informationen und verschiedene kleinere Objekte wie Eimer, Zäune oder Holzstapel, welche der Szene Atmosphäre und Authentizität verleihen. Diese Objekte müssen entweder selbst modelliert oder gekauft werden. Zum Modellieren bieten sich Tools wie *Autodesk Maya*[80], *Cinema 4D*[81] oder freie Software wie *Blender*[82] an. Außerdem gibt es in Verbindung mit den verfügbaren Engines oft sogenannte Asset-Packs, Bibliotheken mit Objekten und Texturen die, wie auch die Engines, unter Einhaltung der jeweiligen Lizenzbestimmungen verwendet werden können. Im Fall der CryEngine enthalten diese Packs unter anderem eine umfangreiche Sammlung an Pflanzen und Texturen.

In der Engine kann dann die virtuelle Szene aufgebaut werden. Dazu bieten moderne Engines visuelle Editoren, in denen Objekte wie Gegenstände, Charaktere, Vegetation, aber auch Licht- und Soundquellen, Event-Trigger oder Area-Objekte direkt in einer vorgerenderten Ansicht der Szene platziert werden können. Das Terrain kann entweder zufallsgeneriert, per Hand mit Sculpting-Tools geformt oder aus einer Heightmap generiert wer- den. Eine Heightmap ist dabei eine Rastergrafik, deren einzelne Bildpunkte Höheninformationen enthalten die als Grauwerte dargestellt werden können. Im Fall der Römersiedlung wurde diese Technik verwendet, um das tatsächliche Gelände vor Ort sehr genau nachzubilden.

Der Logikpart der Anwendung – darunter fällt unter anderem der Ablauf der Anwendung durch die Steuerung von Events und der Nutzerinteraktionen – muss programmiert werden. Dies kann entweder durch das Schreiben von Pro-

[80] https://www.autodesk.de/products/maya/overview/

[81] https://www.maxon.net/en/cinema-4d/

[82] https://www.blender.org/

grammcode realisiert werden oder, im Fall der CryEngine, durch visuelle Programmierung, das sogenannte Flowgraph-System. Dabei kann aus Knoten, die jeweils spezielle Funktionen erfüllen und über Ein- und Ausgängen miteinander verknüpft werden, sequenzielle Abläufe programmiert werden, ohne selbst Code zu schreiben.

VR-spezifische Funktionalitäten wie das Tracking des HMDs und der Controller werden von einem VR-Plugin bereitgestellt. Dieses Plugin stellt, sowohl im Code als auch als Flowgraph-Knoten, Schnittstellen für den Programmierer bereit über welche zum Beispiel die Trackingdaten der VR-Hardware abgerufen werden können.

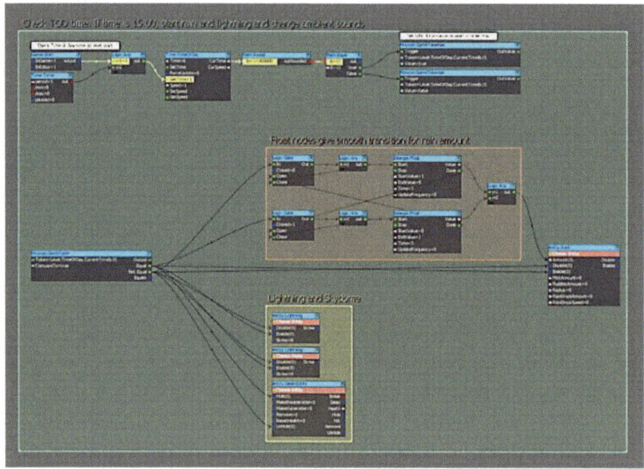

Abb. 82: Teil der Flowgraph-Logik der VR-Historytainment-Anwendung

In der beschriebenen VR-Anwendung wurde die Fortbewegung neben der begrenzten Bewegung im Roomscale-Tracking-Bereich durch eine eigens programmierte Teleport-Funktion realisiert. Dabei kann der Nutzer durch das Drücken und Halten des Vive-Controller-Touchpads einen leuchtenden Zielstrahl erzeugen, welcher den Controller verlängert. Mit diesem Strahl kann der Nutzer dann auf eine Stelle auf dem Boden zielen, wo daraufhin ein leuchtender Kegel erscheint. Lässt der Nutzer das Touchpad los, wird er in der Szene augenblicklich an diese Position teleportiert. Dieses Verfahren ermöglicht eine praktikable und schonende Fortbewegung in der virtuellen Szene.

Die fertige Anwendung muss dann nur noch gepackt und exportiert werden und kann dann auf anderen Rechnern in Verbindung mit der HTC Vive ausgeführt werden. Details zur Umsetzung einer VR-Anwendung mit einer Game-Engine können den online verfügbaren Dokumentationen und Tutorials entnommen werden.

7.4.6 Beispiel: Visualisierung von Flut-Ereignissen mittels VR

Überschwemmungen zählen zu den häufigsten und zugleich kostspieligsten Naturkatastrophen in Deutschland[83]. Ein Problem -neben anderen- ist dabei die mangelnde Sensibilisierung der Bevölkerung darüber, wie man im Falle einer Überflutung richtig reagiert, insbesondere bei den zuletzt verstärkt auftretenden Starkregenereignissen. Demzufolge wurde am Institut für Softwaresysteme der Hochschule Trier eine Flutsimulation in Virtual Reality implementiert, welche mögliche aus einer Überschwemmung resultierenden Gefahren an konkreten Orten bzw. Siedlungen visualisiert. Insbesondere der technikaffine junge Nutzerkreis soll mithilfe der VR-Anwendung für Hochwassergefahren sensibilisiert werden. Im Folgenden wird der Workflow zur Erstellung einer solchen Anwendung skizziert.

Vor Beginn der Arbeiten sollte die Lage und Ausdehnung der zu modellierenden Landschaft festgelegt werden. Daran anschließend erfolgt die Modellierung des Gebietes; in unserem Fall kam dafür die Software Blender zum Einsatz. Besonders geeignet ist die Erweiterung „Blender for OSM“ (blosm), mit der sich ein gewünschtes Gebiet auf drei verschiedene Arten erstellen lässt:

- Die erste Möglichkeit ist der manuelle Import geografischer Daten eines Gebietes, was jedoch nur erfahrenen Nutzern mit Zugang zu solchen Daten zu empfehlen ist.
- Eine weitere, sehr praktikable Methode ist die Nutzung von Daten des Anbieters OpenStreetMap, da die benötigten Daten bereits von der Stiftung bereitgestellt werden[84] und man lediglich sein Gebiet auf einer Karte markieren und auswählen muss.
- Die dritte und eleganteste Methode ist der Import über die Erweiterung von Google mittels 3D-Tiles. Dabei werden fotorealistische Daten von Google Earth Studio in Blender importiert und in einzelnen Kacheln dargestellt. Diese Methode eignet sich allerdings vorrangig für kleinere Gebiete oder wenn eine leistungsstarke Brille zur Verfügung steht.

Nachdem das gewünschte Gebiet erstellt wurde (incl. Geländemodell, Gebäude und Texturen), wird das Objekt entweder als „.obj“ oder „.fbx“ exportiert. Anschließend erfolgt die Auswahl eines geeigneten Renderers. Die Renderer von Unity bieten sich hierfür an, wobei insbesondere die „Universal Render Pipeline“ empfohlen wird. Diese Rendering-Methode ist sehr flexibel einsetzbar und lässt

---

[83] Naturkatastrophen in Deutschland (klimanavigator.eu)

[84] OpenStreetMap Foundation (osmfoundation.org)

sich individuell anpassen, um zukünftigen Performance-Problemen vorzubeugen. Nach der Auswahl des passenden Renderers kann die Landschaft schließlich als neues Asset importiert und in die Umgebung (Environment) integriert werden.

Zur Integration von Virtual Reality in Unity-Projekte ist die Auswahl der passenden VR-Erweiterung entscheidend. SteamVR, eine der bekanntesten Erweiterungen, ermöglicht zwar eine breite Kompatibilität mit verschiedenen VR-Geräten, weist jedoch in der Praxis einige Limitationen auf. Die Hauptkritikpunkte bei SteamVR sind dessen unflexible Handhabung und hohe Systemanforderungen: Das Projekt muss für die Ausführung offen sein, und es wird ein leistungsstarker Computer benötigt, was die Zugänglichkeit und Benutzerfreundlichkeit einschränken.

Im Vergleich dazu bietet die OVR-Erweiterung von Oculus entscheidende Vorteile. Einer der größten Pluspunkte ist die umfassende Integration in die Unity-Entwicklungsumgebung, die einen nahtlosen Export zu Oculus-VR-Geräten ermöglicht. Durch die Verwendung von OVR entfällt die Notwendigkeit eines dauerhaft aktiven Computers während der Nutzung, was die Anwendung wesentlich praktikabler für eine breitere Nutzerbasis macht. Darüber hinaus umfasst OVR speziell angepasste Features wie vorgefertigte Rigs für Spielermodelle, interaktive Objekte und angepasste Render-Optionen.

Abb. 83: Screenshot der VR-Anwendung Moselhochwasser in der Stadt Trier

Nachdem die Auswahl der gewünschten Erweiterungen installiert ist, stellt sich die Frage nach der Realisierung der eigentlichen Flutsimulation. Dazu stehen ebenfalls verschiedene Methoden zur Verfügung. Ein einfacher Ansatz ist es, eine Ebene mit einer Wassertextur zu implementieren, bei der anhand eines Skriptes die „Wasserebene“ schrittweise erhöht wird. Hierfür wird eine Routine benötigt, welche die Position der Wasseroberfläche mit jedem Frame aktualisiert, um so den Eindruck eines steigenden Wasserspiegels zu vermitteln. Für die Umsetzung solcher Skripte in Unity wird üblicherweise die Programmiersprache C# verwendet. Alternativ wäre es möglich eine aufwendige Partikelsimulation zu implementieren, jedoch kann eine stabile Performance bei letzterer nicht garantiert werden. Letztendlich besteht auch die Möglichkeit auf die Erweiterungen der Unity Community zurückzugreifen, die realistische Flüssigkeitssimulationen anbietet.

Um den Nutzer aktiv in das Szenario einzubinden, eröffnet man diesem z.B. die Möglichkeit, den Wasserstand manuell zu steuern. Die Anpassung des Wasserstandes kann dabei durch ein Ereignis, wie das Drücken einer Taste, initiiert werden. Sobald die festgelegte Taste betätigt wird, aktiviert dies ein vorher erstelltes Skript, welches schließlich den Wasserstand entsprechend anpasst.

Zur Steigerung der Realitätsnähe bzw. der Immersion in der Flutsimulation wurde in unserem Fall noch eine Regentropfensimulation integriert, welche das Eintauchen in das Szenario vertieft. Die Unity Community bietet hierfür eine Reihe von vordefinierten Funktionen an, die es ermöglichen, optische Effekte wie fallende Regentropfen effektiv zu simulieren. Die Einbindung solcher visuellen Details trägt erheblich dazu bei, die Atmosphäre und Glaubwürdigkeit des simulierten Ereignisses zu verbessern. Weitere Elemente zur Steigerung der Immersion sind z.B. ein Gewitterhimmel sowie eine entsprechende akustische Untermalung des Szenarios.

Im Rahmen der Entwicklungen sollte auch berücksichtigt werden, dass die Sichtweite des Nutzers aus Performance-Gründen begrenzt sein kann. Um dennoch eine umfassende Erkundung des Gebietes zu ermöglichen, empfiehlt es sich, eine Vielzahl von Perspektiven anzubieten. Dies lässt sich durch die Implementierung eines Teleportation-Managers erreichen, der den Nutzer zu verschiedenen, vordefinierten Punkten innerhalb der Simulation versetzt. Die Aktivierung der Teleportation sollte durch eine intuitive Tastenbelegung erfolgen, um eine nahtlose Navigation innerhalb der virtuellen Umgebung zu gewährleisten.

Zusätzlich ist die Art der Darstellung des Wasserstandes eine Überlegung wert: Eine klassische Methode ist die Erstellung einer Pegellatte und deren Import als Asset in das Unity-Projekt. Alternativ kann auch eine digitale Wasseranzeige implementiert werden, welche die relative Höhe der Wasserebene ausgibt. Hierbei empfiehlt sich die Durchführung einer linearen Transformation, um den korrekten Wasserstand auf der Anzeige darstellen zu lassen.

Sind alle gewünschten Features umgesetzt, steht dem Export der Anwendung auf die VR-Brille nichts mehr im Wege. Dank der benutzerfreundlichen Schnittstelle von Unity lässt sich dieser Schritt unkompliziert durchführen. Nach erfolgreichem Export kann die Anwendung direkt über die VR-Brille gestartet werden.

Durch die Implementierung des Projekts in Unity wird die Anpassung des simulierten Gebiets stark vereinfacht, da es als einzelnes Asset behandelt wird, welches sich leicht austauschen lässt. Diese Flexibilität ermöglicht es, unterschiedlichste Gebiete schnell und effizient zu simulieren und so eine breite Palette an Szenarien für Interessenten bereitzustellen. Zusätzlich sorgt die OVR-Erweiterung für eine nahtlose Integration und erleichtert den „Ready to deploy"-Prozess, sodass Änderungen zügig exportiert und in der VR-Anwendung umgesetzt werden können.

7.5 Aktuelle Marktübersicht

Seit der Ankündigung der Oculus Rift im Jahr 2012 hat sich der Markt für immersives Computing erheblich weiterentwickelt und diversifiziert. Während die ersten mobilen VR-Erlebnisse durch einfache Kartonhalterungen (CardBoards) und die Verwendung von Smartphones ermöglicht wurden, haben die darauffolgenden Jahre eine signifikante Evolution in diesem Sektor gezeigt.

Neben VR haben auch AR, XR und Spatial Computing signifikante Fortschritte gemacht und bieten nun ein breites Spektrum an Systemen über verschiedene Preis- und Leistungsklassen hinweg. Im Folgenden soll ein Überblick über einige der bekanntesten aktuellen am Markt verfügbaren Systeme geben. Diese Auflistung bildet jedoch nur einen Ausschnitt und stellt keinen Anspruch auf Vollständigkeit.

7.5.1 Virtual Reality

Meta Quest 2

- Display: 1832 x 1920 Pixel pro Auge, LCD
- Refresh-Rate: Bis zu 120 Hz
- Tracking: 6DoF, internes Tracking ohne externe Sensoren
- Verbindung: Standalone, optional PC-Verbindung via Oculus Link
- Besonderheiten: Integriertes Spatial Audio, Hand-Tracking

Valve Index

- Display: 1440 x 1600 Pixel pro Auge, LCD
- Refresh-Rate: 80 – 144 Hz
- Tracking: 6DoF, SteamVR Tracking 2.0
- Verbindung: PC-gebunden
- Besonderheiten: Finger-Tracking-Controller, hochwertiges Audio

Vive Pro 2

- Display: 2448 x 2448 Pixel pro Auge, LCD
- Refresh-Rate: Bis zu 120 Hz
- Tracking: 6DoF, SteamVR Tracking 2.0
- Verbindung: PC-gebunden
- Besonderheiten: Hi-Res-zertifiziertes Headset, 3D Spatial Sound, breites Sichtfeld (120 Grad)

PlayStation VR

- Display: 2000 x 2040 Pixel pro Auge, OLED
- Refresh-Rate: 90 – 120 Hz
- Tracking: 6DoF, basierend auf PlayStation Kamera und Controller-Tracking
- Verbindung: Konsole-gebunden (PlayStation 5)
- Besonderheiten: Zielgruppe sind Gamer, Integration in Sony's Gaming Ökosystem

7.5.2 Augmented Reality

Microsoft HoloLens 2

- Display: 2k 3:2 Light Engines
- Tracking: 6DoF, räumliches Mapping mit integrierten Sensoren
- Verbindung: Wireless, eigenständiges Windows-Computing
- Besonderheiten: Hand- und Augen-Tracking, Enterprise-Fokus

Magic Leap 1

- Display: Digitales Lichtfeld
- Tracking: 6DoF, Umgebungserkennung
- Verbindung: Standalone mit externer Recheneinheit
- Besonderheiten: Räumlicher Sound, Gesten- und Sprachsteuerung

7.5.3 Mixed Reality

Vive XR Elite

- Display: Angekündigt mit hochauflösenden Displays, spezifische Details noch ausstehend
- Tracking: 6DoF, Inside-Out Tracking ohne externe Sensoren
- Verbindung: Standalone und PC-gebunden möglich
- Besonderheiten: Modularer Aufbau, unterstützt sowohl VR- als auch XR-Erlebnisse, leicht und komfortabel

Varjo XR-3

- Display: 2880 x 2720 Pixel pro Auge, Mini-LED
- Refresh-Rate: 90 Hz
- Tracking: 6DoF, integriertes Inside-Out Tracking
- Verbindung: PC-gebunden
- Besonderheiten: Eye-Tracking, Ultraleap Hand-Tracking, High-Fidelity Farbdurchsichtigkeit

7.5.4 Spatial Computing

Apple Vision Pro

- Display: 3660 x 3200 Pixel pro Auge, Micro-OLED
- Refresh-Rate: 90/96/100 Hz
- Tracking: 12 Kameras, LiDAR-Sensor, Tiefenprojektor, präzises Hand-Tracking
- Verbindung: Wi-Fi 6, Bluetooth 5.3, AirPlay-Support bis zu 720p

- Besonderheiten: M2 Chip, 16 GB RAM, 256 GB bis 1 TB Speicher, Spatial Audio, Personalisierter Raumklang, Audio Ray Tracing, bis zu 2,5 Stunden Batterielaufzeit, Unterstützung für HDR10, dynamisches Head-Tracking

7.6 Was bringt die Zukunft?

Durch die, in den letzten Jahren stark gewachsene Verbreitung von Immersive Computing Technologien, sind mittlerweile viele große Hard- und Softwarehersteller in den Markt eingestiegen. Dadurch ist in allen Bereichen eine Konkurrenzsituation entstanden, von der die Entwicklung der Technik in vielerlei Hinsicht profitiert hat.

Generell ist davon auszugehen, dass sich die Systeme technisch weiterentwickeln werden. Vor allem die Displayauflösungen werden hier auf absehbare Zeit ein großes Thema bleiben, da bei fast allen aktuellen HMDs noch ein mehr oder weniger starker Fliegengittereffekt durch eine zu grobe Auflösung entsteht.

Gebremst wird eine schnellere Weiterentwicklung vor allem durch das Leistungsvermögen der verfügbaren Hardware, in erster Linie das der Grafikprozessoren. Aber auch andere Spezifikationen wie das Sichtfeld, die Displaytechnologie oder das Gewicht der HMDs bieten noch Raum für Verbesserungen. Im Bereich der Roomscale Tracking Systeme wird es interessant sein zu beobachten, welche der derzeit verwendeten Tracking Systeme sich mittelfristig durchsetzen wird.

Der VR-Markt hat sich mit der Einführung von eigenständigen Headsets wie dem *Meta Quest 2* weiterentwickelt, das dank *Inside-Out-Tracking* ohne externe Hardware oder Verkabelung auskommt und eine breite Palette an Anwendungen bietet. Die technologische Evolution führte auch zur Entwicklung von High-End-Headsets wie dem *Valve Index*, das durch präzises Tracking und hochauflösende Displays beeindruckt, und dem *HTC Vive Pro 2*, das eine noch höhere Auflösung und verbesserte Ergonomie bietet.

Eine weitere Schwierigkeit bei Roomscale-VR ist die häufig verwendete Kabelverbindung vom HMD zum Rechner. Wenn sich der Nutzer ausgiebig bewegt, wird das Kabel schnell zum Störfaktor. Es existieren bereits Drahtlos-Lösungen, bei denen allerdings Akkulaufzeit und Bandbreite der übertragenen Daten limitierende Faktoren darstellen. Hier ist bereits abzusehend, dass kabellose Lösungen in naher Zukunft qualitativ zu kabelgebundenen Lösungen aufschließen und diese als Folge dessen ersetzt werden.

Ein weiteres großes Thema ist die Vermeidung von Motion-Sickness. Neben stabilen Bildraten ist dafür vor allem in VR-Anwendungen auch die Fortbewegungs-Methode in der virtuellen Umgebung ein wichtiger Faktor. Die konstante Bewegung mittels Tastatur oder Joystick, wie man sie aus diversen Videospielen kennt, führt in VR bei vielen Menschen zu Unwohlsein, besonders wenn sie dabeisitzen. Das lässt sich damit erklären, dass das Gehirn widersprüchliche Informationen erhält: Während das VR-HMD den Augen vorgaukelt, dass man sich fortbewegt, melden die übrigen Sinne keine Bewegung. Leichte Verbesserungen lassen sich erzielen, wenn der Nutzer dabeisteht oder auf der Stelle läuft.

Ein anderer Ansatz ist die Bewegung per Teleport. Dabei zielt der Nutzer in der virtuellen Umgebung auf einen Punkt und wird augenblicklich dorthin bewegt. Diese Methode hat sich erfahrungsgemäß als deutlich schonender erwiesen, hat allerdings den Nachteil, dass sie bei vielen Anwendungen die Immersion stört. Ein neuer Ansatz zur Vermeidung dieser Probleme stellen omnidirektionale Laufbänder zur Fortbewegung in VR dar. Obwohl der Ansatz vielversprechend ist, sind die hohen Anschaffungskosten für solche Geräte derzeit noch ein großer Minuspunkt.

Neben den genannten Themen gibt es noch einige weitere Entwicklungsfelder, unter anderem verschiedene Methoden zur Erhöhung der Immersion. Hier gibt es beispielsweise Versuche mit zusätzlicher Hardware für haptisches Feedback, beispielsweise Bänder oder Kleidungsstücke, die Berührungen an verschiedenen Stellen des Körpers simulieren. Ob sich solche Technologien durchsetzen werden, bleibt jedoch abzuwarten.

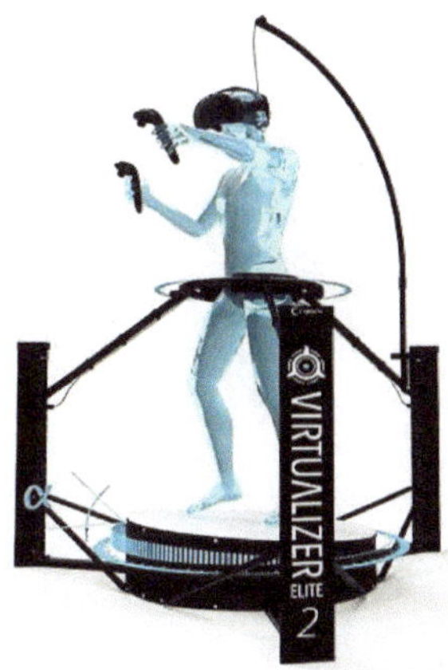

Abb. 84: Der Cyberith Virtualizer ELITE 2 als Beispiel für ein omnidirektionales Laufband[85]

Parallel dazu hat AR durch die Verbreitung von leistungsstarken, AR-fähigen Smartphones und die Entwicklung von mächtigen Frameworks wie *ARKit* und *ARCore*, sowie durch spezialisierte Geräte wie die *Microsoft HoloLens 2*, die XR in professionellen Anwendungsbereichen integriert, an Bedeutung gewonnen.

---

85 https://commons.wikimedia.org/wiki/File:Cyberith_Virtualizer_ELITE_2.jpg#filelinks

Diese Entwicklungen zeigen das Potenzial von AR und XR, die Art und Weise, wie wir mit digitalen Informationen interagieren, grundlegend zu verändern. Auch in diesem Bereich umfassen die Herausforderungen die Notwendigkeit, die Displaytechnologie weiter zu verbessern, um den Fliegengittereffekt zu eliminieren. Neue Entwicklungen könnten ultrahohe Auflösungen, verbesserte Farbtiefe und höhere Bildwiederholraten umfassen, die zu einer besseren Klarheit und Immersion führen. Mikro-LEDs und fortschrittliche OLEDs stehen im Mittelpunkt dieser Innovationen, mit dem Potenzial, leichtere, energieeffizientere und kompaktere Displays zu schaffen. Diese technologischen Fortschritte werden nicht nur die visuelle Qualität verbessern, sondern auch die Latenzzeiten und die Akkulaufzeit der Geräte verringern, was für eine nahtlose Interaktion mit virtuellen und erweiterten Realitäten entscheidend ist. Zukünftige Prozessoren werden voraussichtlich auf fortschrittlichen Halbleitertechnologien basieren, die eine höhere Rechenleistung bei geringerem Energieverbrauch bieten. Dazu könnten beispielsweise kleinere Fertigungsprozesse gehören, die es ermöglichen, mehr Transistoren auf einem Chip unterzubringen. Diese Verbesserungen sind entscheidend, um komplexe virtuelle Welten in Echtzeit zu rendern. Auch hierdurch wird die Interaktivität erhöht und gleichzeitig die Akkulaufzeit von tragbaren Geräten zu verlängert.

Eine Schlüsselkomponente für Immersive Computing, welche die Erlebnisse ermöglicht und verbessert, ist die Entwicklung von fortschrittlichen Tracking- und Erkennungssystemen. In der Zukunft ist zu erwarten, dass diese Systeme durch eine Kombination aus Hardwareverbesserungen, Softwareinnovationen und künstlicher Intelligenz (KI) erhebliche Fortschritte machen werden. Die Genauigkeit und Geschwindigkeit von Tracking-Systemen werden durch den Einsatz fortschrittlicher Sensoren und Algorithmen erheblich verbessert. Neue Sensortechnologien, die in der Lage sind, eine breitere Palette von Umgebungsdaten mit höherer Präzision zu erfassen, werden die Grundlage für verbesserte Tracking-Lösungen bilden. Gleichzeitig ermöglichen KI und maschinelles Lernen (ML) die Entwicklung von Algorithmen, die komplexe Muster in Echtzeit erkennen und interpretieren können, was zu einem reibungsloseren und intuitiveren Benutzererlebnis führt.

Die Hand- und Gestenerkennung ist ein entscheidender Aspekt der Interaktion in AR- und XR-Umgebungen. Zukünftige Systeme werden voraussichtlich deutlich verbesserte Handtracking-Fähigkeiten aufweisen, die es Benutzern ermöglichen, mit virtuellen Objekten auf natürlichere und präzisere Weise zu interagieren. Eine Steuerung durch Tracking der Augen, wodurch Elemente durch das bloße Anschauen ausgewählt werden können, wird einen zusätzlichen Gewinn an Immersion und Bedienbarkeit bieten. Fortschritte in der KI und in der Computer Vision werden Systeme hervorbringen, die eine breite Palette von Gesten und feinen Bewegungen in Echtzeit erfassen können. Die Fähigkeit von AR- und XR-Systemen, die physische Umgebung präzise zu verstehen und zu kartieren, ist entscheidend für das Erstellen überzeugender virtueller Erlebnisse. Fortschritte in der 3D-Mapping-Technologie und im räumlichen Verständnis werden es diesen Systemen ermöglichen, komplexe Umgebungen schnell zu erfassen und zu modellieren. Dies ermöglicht nicht nur eine nahtlosere Integration von virtuellen Objekten in die reale Welt, sondern auch die Schaffung von interaktiven Erlebnissen, die sich dynamisch an Änderungen in der Umgebung anpassen. Die Fähigkeit, Objekte und Szenen präzise zu erkennen, ist für viele AR-Anwendungen von entscheidender Bedeutung. Zukünftige Systeme werden durch den Einsatz fortschrittlicher Bildverarbeitungstechniken und Deep Learning in der Lage sein, eine Vielzahl von Objekten und Szenarien mit hoher Genauigkeit zu identifizieren. Dies wird nicht nur die Benutzerinteraktion verbessern, sondern auch neue Anwendungsfälle in Bereichen wie Einzelhandel, Bildung und Industrie ermöglichen.

Die Zukunft von Immersive Computing sieht vielversprechend aus, mit erheblichen Verbesserungen in den Bereichen der Displays und Prozessoren, Tracking und Szenenerkennung. Diese Fortschritte werden nicht nur die Qualität und das Eintauchen in virtuelle Erlebnisse erhöhen, sondern auch die Tür zu neuen Anwendungen und Möglichkeiten öffnen. Während technische Herausforderungen bestehen bleiben, ist das Potenzial für Innovation und Veränderung in diesen Bereichen enorm.

7.7 Literatur

R. Dörner (2019): Virtual und Augmented Reality (VR/AR): Grundlagen und Methoden der Virtuellen und Augmentierten Realität. Springer Verlag, 2. Auflage.

I. Wijesooriya (2023): Mastering Augmented Reality Development with Unity: Create immersive and engaging AR experiences with Unity. BPB Publications, 1. Edition.

F. Gonzalez Milanes (2023): The Future of Virtual Reality and Augmented Reality: A look at the potential of VR and AR to transform various industries, from entertainment to healthcare. Independently published.

T. Parisi (2015): Learning Virtual Reality: Developing Immersive Experiences and Applications for Desktop, Web, and Mobile. O'Reilly Media, 1. Edition

J. Jerald (2015): The VR Book: Human-Centered Design for Virtual Reality. Morgan & Claypool Publisher

8 Visualisierung und Manipulation

Die Lernfragen zu diesem Kapitel finden Sie unter:
https://narr.kwaest.io/s/1268

Lernziele

Nach der Durcharbeitung dieses Kapitels sollten Sie

- zwischen deskriptiver und suggestiver Datenvisualisierung unterscheiden können,
- einen Überblick über verbreitete Ansätze bei der suggestiven Datendarstellung mittels Diagrammtechniken besitzen,
- Konzepte der suggestiven Kartographie verstehen,
- elementare Regeln einer möglichst objektiven Visualisierung von Sachverhalten beherrschen.

Datenvisualisierung ist – wie mehrfach bereits erwähnt – zur effektiven Kommunikation komplexer Sachverhalte unentbehrlich, nicht nur in den verschiedenen Wissenschaften. Auch in unserem Alltag sind wir permanent mit grafisch aufbereiteten Daten unterschiedlichster Sachverhalte konfrontiert, die insbesondere in Zeiten der Aufmerksamkeitsökonomie (welche die Aufmerksamkeit eines Menschen als knappes Gut betrachtet) ein Schlaglicht auf komplexe Themen und Zusammenhänge wirft. Vor allem in diesem medialen Anwendungsfeld ist die Grenze zwischen einer objektiven oder einer tendenziösen Darstellung häufig nicht klar erkennbar.

Wir müssen deshalb zwischen deskriptiver und suggestiver Datenpräsentation unterscheiden. Bei deskriptiven Präsentationen sind z.B. Messwerte mit entsprechenden Hintergrundinformationen grafisch oder tabellarisch dargestellt. Werden Grafiken abgebildet, ohne einen Sachverhalt näher zu erläutern, spricht man von suggestiver Datenpräsentation. Insbesondere dann, wenn im Rahmen des Mapping-Prozesses Maßnahmen ergriffen werden, die den dargestellten Sachverhalt überbewerten oder abschwächen und so dem Betrachter eine interpretative Richtung vorgeben. Einige wenige Techniken, die im Rahmen der suggestiven Datenpräsentation eingesetzt werden, sind nachfolgend aufgeführt.

In diesem Kapitel geht es nicht darum, Anregungen für subjektiv geprägte und tendenziöse Grafiken zu geben. Vielmehr sollen Sie ein paar grundlegende manipulative Techniken kennenlernen, mit denen wir in unserem Alltag häufig konfrontiert werden. Mit diesem Wissen können Sie sich besser vor Falschmeldungen und tendenziöser Berichterstattung schützen.

8.1 Stichproben mit systematischem Fehler

„Es gibt drei Arten von Lügen: Lügen, infame Lügen und Statistiken." *Benjamin Disraeli (1804-1881)*

Schon weit vor der grafischen Aufbereitung können z.B. durch eine unzureichende Datenerfassung die Grundlagen für tendenziöse, bzw. neutral betrachtet, fehlerbehaftete Aussagen gelegt werden. Da kein Statistiker mangels Möglichkeit die gesamte Grundgesamtheit beproben bzw. befragen kann, wird versucht, über repräsentative Stichproben Rückschlüsse auf die Situation in der Grundgesamtheit zu ziehen. Statistiken sind deshalb oftmals nicht mehr als grobe Schätzungen, die zwar scheinbar exakt sind, dennoch bewusst oder unbewusst beeinflusst werden können.

Betrachten wir das Problem am Beispiel des bei Schubert[86] aufgeführten Pro-Kopf-Verbrauchs von Lebensmitteln in Deutschland. Man liest des Öfteren, dass beispielsweise der Pro-Kopf-Verbrauch angenommen von Kartoffeln in Deutschland im Vorjahr 58,8 kg betrug (2015/2016)[87]. Auf den ersten Blick erscheint uns die 58,8 kg eine ganz exakte Zahl zu sein. In Wirklichkeit ist es jedoch unmöglich, den Verbrauch so genau anzugeben, schließlich müsste man auch berücksichtigen, wie viele der gekauften Kartoffeln überhaupt nicht verzehrt, sondern weggeworfen wurden.

Ein weiteres Problem stellt die verwendete Stichprobe dar, d.h. die Zusammensetzung der Gruppe der Befragten, deren Verbrauch auf die Gesamtbevölkerung umgelegt wurde. Ist diese nicht repräsentativ für die Grundgesamtheit, können hier leicht falsche Schlüsse gezogen werden. Mangelnde Repräsentativität von Stichproben kann durch viele Faktoren begründet sein, insbesondere dann, wenn wie in unserem Fall z.B. eine telefonische Befragung von Haushalten mittels Zufallsstichprobe durchgeführt wird. Die Ursachen, mit einer solchen Methode nur ein Subset der Grundgesamtheit zu erreichen, sind dabei vielfältig:

- Nur bekannte bzw. zugängige Adressen (z.B. Festnetzkunden) werden befragt, Haushalte ohne Festnetzanschluss bzw. ohne Telefonbucheintrag fallen durch.
- Nur Antworten von Personen, die an der Befragung auch teilnehmen möchten, fließen in das Ergebnis ein.

---

[86] https://www.selbstaendig-im-netz.de/tipps/luegen-leicht-gemacht-gedanken-zu-grafischen-darstellungen-und-manipulation/ (letzter Aufruf: 30.4.2018)

[87] https://de.statista.com/statistik/daten/studie/175422/umfrage/pro-kopf-verbrauch-von-kartoffeln-in-deutschland/

- Zum Befragungszeitpunkt (z.B. tagsüber) sind viele berufstätige Menschen nicht im eigenen Haushalt erreichbar.
- Falsche Angaben des Interviewpartners aus Unsicherheit (wer von uns weiß schon, wie viele Kartoffeln er in einem Monat kauft?)
- Aus Voreingenommenheit gegenüber dem Kartoffelkonsum resultierende falsche Angaben.
- ....

Ob die schlussendlich Befragten am Ende repräsentativ für alle Haushalte in Deutschland sind, kann also gerne angezweifelt werden. Das Ergebnis einer Befragungsstudie kann also nur so gut sein wie die Auswahl seiner Stichprobe.

Selbstverständlich hat die Statistik ein entsprechendes Methoden-Set an der Hand, möglichst repräsentative Beprobungen durchzuführen (z.B. geschichtete Zufallsstichprobe mit geeignetem Umfang), es ist aber offenkundig, dass durch die Wahl des Beprobungsverfahrens die Grundlage für eine tendenziöse Berichterstattung bzw. Visualisierung gelegt werden kann.

Die Frage nach dem Zustandekommen von Aussagen bzw. Daten ist deshalb unentbehrlich, um auf mögliche Quellen für systematische Fehler in der Stichprobe Rückschlüsse ziehen zu können.

Für weiterführende Informationen zu diesem spannenden Thema sei an dieser Stelle auf die vielfältige Statistikliteratur hingewiesen.

8.2 Auswirkungen der Wahl des Lokationsmaßes

„Averages and relationships and trends and graphs are not always what they seem“.[88]

Bei der Bereitstellung statistischer Daten und Informationen werden häufig Lokationsmaße in Form von Mittelwerten gewählt. Da wir hier neben dem arithmetischen Mittelwert auch z.B. auf den Median (Zentralwert; mittlerer Wert einer geordneten Reihe) bzw. den Modalwert (Modus; häufigster vorkommender Wert) zurückgreifen können, eröffnet eine geschickte Wahl hier ebenfalls eine Manipulationsmöglichkeit, vor allem wenn auf die korrekte Bezeichnung des gewählten „Mittelwertes“ verzichtet wird.

Während bei einer Normalverteilung der Werteausprägung in der Grundgesamtheit die „Durchschnittswerte“ arithmetisches Mittel, Median und Modus identisch sind, können sie bei asymmetrischen Verteilungen (z.B. bei linkssteilen oder rechtssteilen Verteilungen) z.T. weit auseinander liegen. Obwohl die Verwen-

---

[88] Huff Darrell (1993): How to lie with statistics. W.W. Norton & Company, New York London

dung der verschiedenen Typen durchaus legitim ist, können die Durchschnittswerte größer oder kleiner ausfallen, je nachdem, welcher Mittelwert verwendet wird.

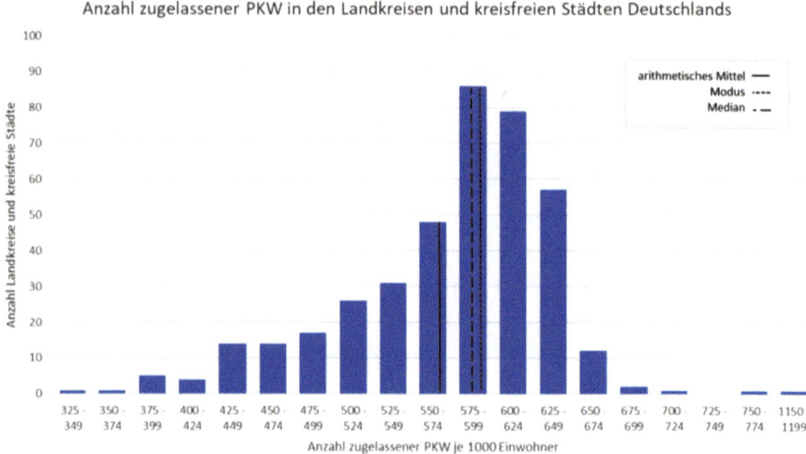

Abb. 85: Zugelassene PKW pro 1000 Einwohner in den Landkreisen und kreisfreien Städten Deutschlands im Jahre 2016[89]. Lage von arithmetischem Mittel, Median und Modalwert.

8.3 Manipulation mit Diagrammen

Auch scheinbar objektive Diagramme können allein durch ihre gewählte Darstellung übertreiben oder verharmlosen und so einen tendenziösen, mitunter auch falschen Eindruck erwecken. Sehr oft werden hierbei auf kreative Weise verschiedene Möglichkeiten der Verzerrung eingesetzt, um den Betrachter in die Irre zu führen. Betrachten wir bspw. die nachfolgend abgebildeten Grafiken zur Entwicklung der Jahresmitteltemperatur an der DWD-Station Saarbrücken-Ensheim der letzten Jahre. Die Datengrundlage ist bei allen Diagrammen die gleiche.

Abbildung 86 zeigt eine objektive Darstellung der Jahresmitteltemperaturen, die Null-Linie ist vorhanden, ebenso stimmen die Verhältnisse der beiden Achsen sowie die Skalierung der Größenachse (linear).

Durch ein einfaches Ändern der Werte der Größenachse (nicht der tatsächlichen Daten) können bereits beeindruckende Effekte erreicht werden. So kann durch das Abschneiden der vertikalen Achse (d.h. die Größenachse beginnt bei einem subjektiv zu wählenden Wert, z.B. dem unteren Messwert; Veränderung der Baseline/Null-Linie) eine Entwicklung dramatisiert werden (aus einem kleinen

[89] https://www-genesis.destatis.de/gis/genView?GenMLURL= https://www-genesis.destatis.de/regatlas/AI013-1.xml&CONTEXT=REGATLAS01

Temperaturanstieg wird ein großer), obwohl die zugrundeliegenden Werte tatsächlich kaum schwanken. Eine zusätzliche Stauchung der horizontalen Achse lässt den Anstieg dann noch dramatischer erscheinen, ebenso überzeichnen das Hinzufügen einer Regressionsgeraden mit Richtungspfeil die reale Situation (vgl. Abbildung 87).

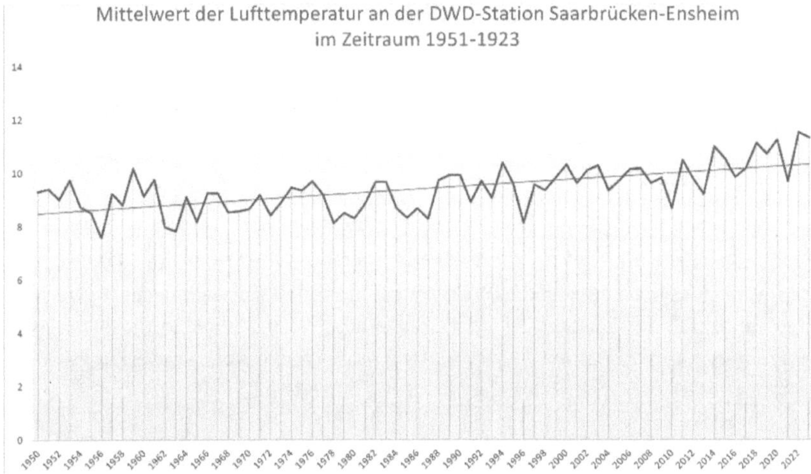

Abb. 86: Entwicklung der Jahresmitteltemperatur in Saarbrücken (DWD-Station Saarbrücken-Ensheim), Variante 1

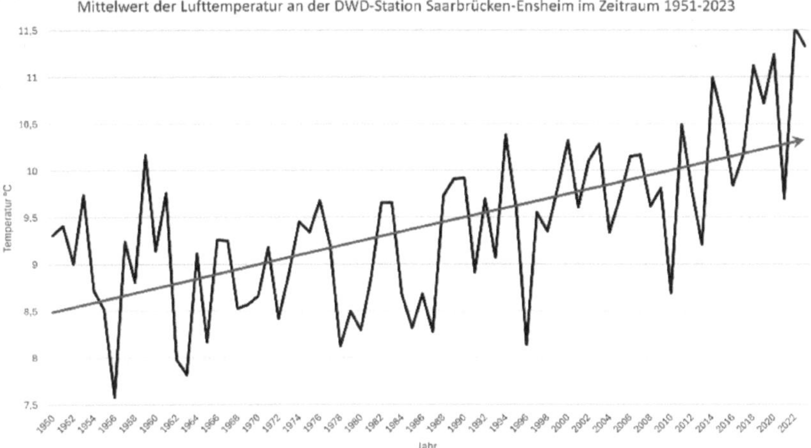

Abb. 87: Entwicklung der Jahresmitteltemperatur in Saarbrücken (DWD-Station Saarbrücken-Ensheim), Variante 2

Seriöse Darstellungen, welche mit dieser Methode kleine Variationen verdeutlichen wollen, müssen die vertikale Achse sowie bei Balkendiagrammen zusätzlich die Balken deutlich sichtbar unterbrechen.

Eine weitere beliebte Technik ist das gezielte Wählen von Referenzzeiträumen: Insbesondere in der Klimawandeldiskussion, aber auch in anderen Bereichen, wo eine „Normalsituation" als Referenzwert herangezogen wird, taucht dieser Ansatz häufig auf.

So werden zur Erfassung des Klimas und seiner Änderungen normalerweise Mittelwerte über einen Zeitraum von 30 Jahren gebildet, um den Einfluss der natürlichen Variabilität aus der statistischen Betrachtung des Klimas zu minimieren. Bisher wurde dafür von der World Meteorological Organisation (WMO) der Zeitraum 1961 bis 1990 verwendet. Viele Anwendungen benötigen aber eine statistische Beschreibung des aktuellen Klimas, wofür daher in den letzten Jahren die Klimanormalperiode 1981-2010 verwendet wurde. Mit Ende des Jahres 2020 wurde die Vergleichsperiode laut DWD für aktuelle klimatologische Bewertungen nun durch die Periode 1991 bis 2020 ersetzt[90]. Zusätzlich zu dieser Verwirrung kann selbstverständlich jeder Akteur seine eigene Referenzperiode wählen und so eine tendenziöse Datenvisualisierung betreiben.

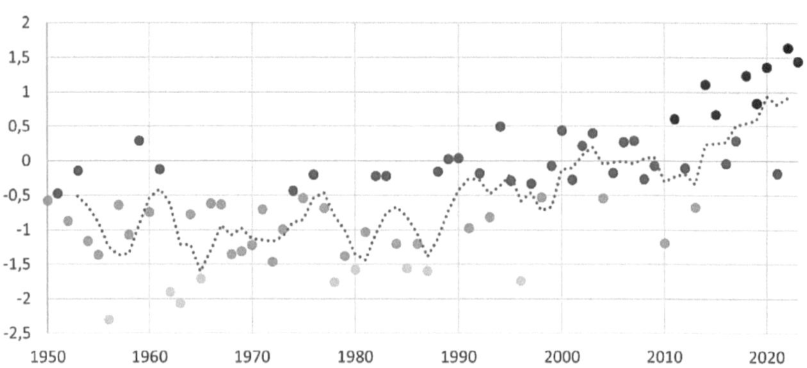

Abb. 88: Beispiel einer unterschiedlichen Darstellung des Temperaturanstiegs in Abhängigkeit von der Wahl des Referenzzeitraums

[90] https://www.dwd.de/DE/leistungen/besondereereignisse/verschiedenes/20210119_neue_referenzperiode.html

Vergleichen wir nun obige Abbildung mit Abb. 11 (S. 33), bei der als Referenzzeitraum die Periode 1961-1990 gewählt wurde, so scheint sich der Temperaturanstieg hier in etwas abgeschwächter Form zu manifestieren. Man beachte auch die unterschiedlichen Temperaturwerte des langjährigen Mittels sowie die Werte der vertikalen Achse.

Weitere manipulative Techniken bei der Erstellung von Diagrammen sind z.B. das Weglassen von Skalen an den Achsen. Hierdurch hat der Betrachter keine Möglichkeit mehr, den Wahrheitsgehalt der Darstellung zu überprüfen. Auch ein Anstieg oder Abfallen der Grundlinie (horizontale Achse; perspektivische Sicht) kann stark ansteigende oder fallende Werte suggerieren, obwohl keine oder nur eine geringe Veränderung in den absoluten Werten vorhanden ist. Letztlich stellt auch das einfache Weglassen von nicht erwünschten Werten eine Möglichkeit zur tendenziösen Darstellung dar.

Neben den genannten Verfahrensweisen kann auch die Perspektive zu einer verzerrten Wahrnehmung von Größenverhältnissen beitragen. So suggerieren nachfolgend abgebildete 3D-Kreisdiagramme eine unterschiedliche Verteilung der Größenverhältnisse, trotz gleicher Datenlage.

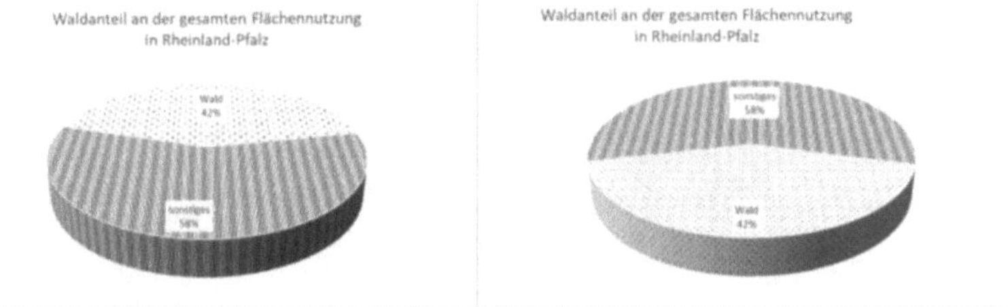

Abb. 89: Unterschiedliche Wahrnehmung von Kreisdiagrammen in Abhängigkeit von der Perspektive (Beispiel Waldanteil an der gesamten Flächennutzung im Land Rheinland-Pfalz[91])

8.4 Manipulation mittels Piktogramme

Auch Piktogramme werden gerne verwendet, um Entwicklungen suggestiv zu unterstreichen. Dies geschieht insbesondere dann, wenn anstelle einer z.B. balkenbezogenen Darstellung, bei der die Balkenlänge proportional zum darzustellenden Wert sein sollte, die Länge und die Breite des Bildes proportional verändert wird. Da sich die Perzeption des Betrachters auf die Flächengröße konzentriert, kann so ein falscher Eindruck vermittelt werden.

[91] https://www.wald.rlp.de/wald/beeindruckende-zahlen/waldflaeche-und-baumartenverteilung

Eine Verdoppelung des Ausgangswertes führt bei einer Verdoppelung von Länge und Breite des Icons zu einer vierfachen Fläche des Grafikobjektes und suggeriert dem Betrachter z.B. ein überproportionales Wachstum, da die Verhältnismäßigkeit in Bezug auf die Flächengröße nicht mehr gewahrt ist. Bei einer dreidimensionalen Darstellung würde mit dieser Methode gar das achtfache Volumen erzeugt und dargestellt.

Um eine flächenproportionale Größenänderung der Objekte zu erreichen, dürften in unserem Beispiel Länge und Breite jeweils nur mit dem Quadratwurzelwert multipliziert werden.

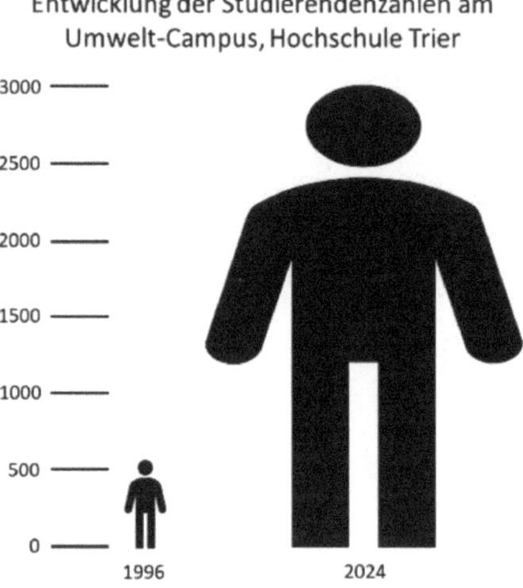

Abb. 90: Nicht-flächenproportionale Darstellung der Entwicklung der Studierendenzahlen am Umwelt-Campus

Wie erwähnt lassen sich Quantitäten gut über die Größe von Merkmalen, Symbolen etc. darstellen. Neben der genannten oftmals nicht-flächenproportionalen Umsetzung von Größenvergleichen sollten wir bei dieser Visualisierungstechnik noch einen weiteren Aspekt berücksichtigen: Da Größenvergleiche sowohl im zwei- als auch dreidimensionalen Raum für das menschliche Auge schwierig korrekt auszuführen sind lassen sich solche leicht verständlich auch mittels einfacher Mengensymbole darstellen.

Hierbei repräsentiert ein Symbol einheitlicher Größe eine definierte Menge des jeweils darzustellenden Parameters. Über die Symbol-Anzahl erschließt sich letztlich leicht die dargestellte Quantität, Vergleiche sind somit auch einfach zu ziehen.

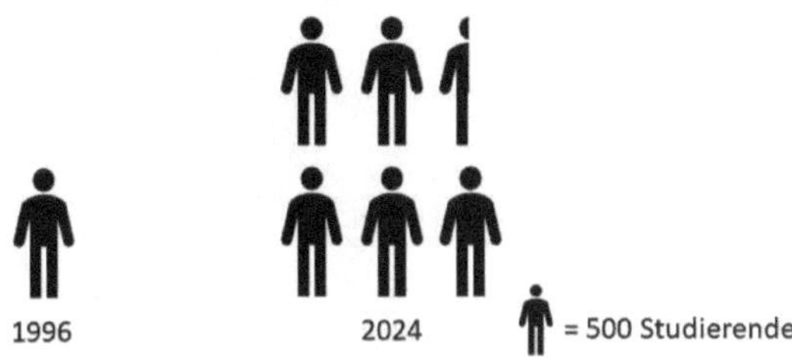

Abb. 91: Leicht verständliche und flächenproportionale, realistische Darstellung der Entwicklung der Studierendenzahlen am Umwelt-Campus mittels Mengensymbolen

8.5 Manipulation mit Karten

„Das überzeugende Erscheinungsbild moderner Karten täuscht über die ihnen innewohnende Subjektivität hinweg."[92] Tatsächlich stecken insbesondere in allen thematischen Karten Grundannahmen und gesellschaftliche Konventionen der jeweiligen Autoren bzw. Hersteller. Diese Subjektivität erscheint beim Studium historischer Karten zwar offenkundig, sie entgeht dem Betrachter jedoch oft bei modernen kartografischen Darstellungen. Die in Kartenwerken enthaltene Information lässt sich mithin nur dann richtig verwerten, wenn man sich die unauffälligen Auslassungen und Verzerrungen, Konkretisierungen bzw. Verschleierungen bewusst macht.

Die Karte als Darstellungsmittel bietet also – ähnlich der Diagrammtechnik – vielfältige Möglichkeiten zur Manipulation. Die Gründe hierfür können sehr vielfältig sein und neben nationalen oder politischen auch wirtschaftliche Interessen umfassen. Interessante Ausführungen zur „Propagandakartografie" finden sich unter anderem bei Schobesberger[93].

Da Karten als vereinfachte Darstellungen der Realität und aus Gründen der Übersichtlichkeit nicht alle Details wiedergeben können, sind sie auf die Beschreibung der groben Zusammenhänge beschränkt. Durch Weglassen von Informationen und / oder geschickte Wahl der kartografischen Gestaltungsmittel können auch hier raumbezogene Fakten bzw. Trends je nach Bedarf verstärkt oder abgeschwächt werden.

---

[92] https://www.spektrum.de/magazin/die-macht-der-karten/821205

[93] http://othes.univie.ac.at/10001/1/2010-05-17_0201518.pdf

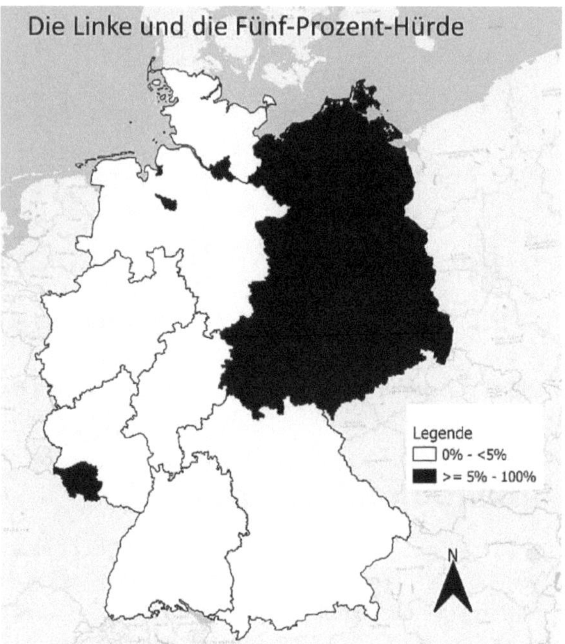

Abb. 92: Bedeutung der Klassenwahl auch bei kartographischen Darstellungen: Zweitstimmenanteil der Partei DIE LINKE bei der Bundestagswahl 2021 (Daten: https://regionalatlas.statistikportal.de/)

Ein gängiges Verfahren, welches zu einer Fehlinterpretation von Kartenwerken führen kann, ist die Visualisierung der Ausprägung eines Parameters (z.B. Abstimmungsergebnis einer Befragung) über die Größe von Flächengeometrien (z.B. Verwaltungseinheiten), bei der keine Korrelation zwischen Geometrie und Parameterausprägung gegeben ist. Werden noch die Klassengrenzen geeignet gewählt und anstelle von absoluten Werten relative (Prozentangaben) dargestellt, ist die Verwirrung komplett.

8.6 Manipulation mittels Bildbearbeitung

Die digitale Bildbearbeitung bietet heutzutage ebenfalls unzählige, leicht zu realisierende Manipulationsmöglichkeiten. Neben einfachen Retusche-Arbeiten kommen hier auch komplexere Ansätze wie z.B. das Austauschen und Einbetten von Personen etc. zum Einsatz. Unter einer Fotomanipulation versteht man dabei „die Veränderung einer Fotografie unter Zuhilfenahme technischer Mittel, um einen fremden Sachverhalt vorzutäuschen.“[94] Auf die Darstellung eigener Bei-

[94] https://de.wikipedia.org/wiki/Fotomanipulation

spiele wurde an dieser Stelle verzichtet, zumal im Web eine Vielzahl von bekannten und weniger bekannten Beispielen zu finden ist.

Abb. 93: Mittelalterliches Flutereignis in Trier im Stil von Johannes Vermeer (Dall-E, 24.1.2024)

Die Manipulation im Bereich der Fotografie kann dabei vor (inszenierte Fotografie), während (z.B. Belichtungskorrektur) oder nach der Aufnahme (Bildbearbeitung) erfolgen. Digitale Wasserzeichen sowie Methoden der digitalen Bildforensik sind Versuche, die Bestimmung des Bildursprungs sowie die Erkennung von Manipulationen digitaler Bilddaten zu ermöglichen.

Neben der Manipulation von einzelnen Bildern und an Bildinhalten wird unsere Gesellschaft seit dem Aufkommen der chat-basierten Bildgeneratoren auch mit artifiziellem Bildmaterial, sogenannten Fake-Bildern (= absichtlich manipulierte oder veränderte Bilder, die eine falsche Darstellung der Realität erzeugen) geflutet. Fiktion und Wirklichkeit verschwimmen. Weitere Hinweise zu dieser Technologie finden Sie im Kapitel 9.

8.7 Anmerkungen

Nicht alle Daten können bezüglich ihrer Qualität und Seriosität mit der Exaktheit und Sicherheit einer Laboranalyse getestet werden. Mittels weniger Fragen kann in Anlehnung an Huff[95] jedoch die Qualität der Ausgangsdaten, aber auch der daraus abgeleiteten grafischen Produkte eingeordnet werden:

---

[95] Huff Darrell (1993): How to lie with statistics. W.W. Norton & Company, New York London

- Who says so? Gibt es einen bestimmten Grund für diese Aussage (z.B. Reputation, Verkaufsinteresse etc.), sind die Organisation oder der Autor benannt?
- How does he know? Wie kamen Daten, Antworten etc. zustande?
- What is missing? Was ist die Bezugsgröße, welches Lokationsmaß wurde verwendet, wie groß war die Stichprobe, Fragen der Repräsentativität etc.?
- Did somebody change the subject? Gibt es einen Switch zwischen der eigentlichen Visualisierung und den daraus gezogenen Schlussfolgerungen?
- In Spannweiten denken: Dezimalkomma-Angaben liefern dem Inexakten die Aura von Genauigkeit (insbesondere bei kleinen Stichprobenumfängen).

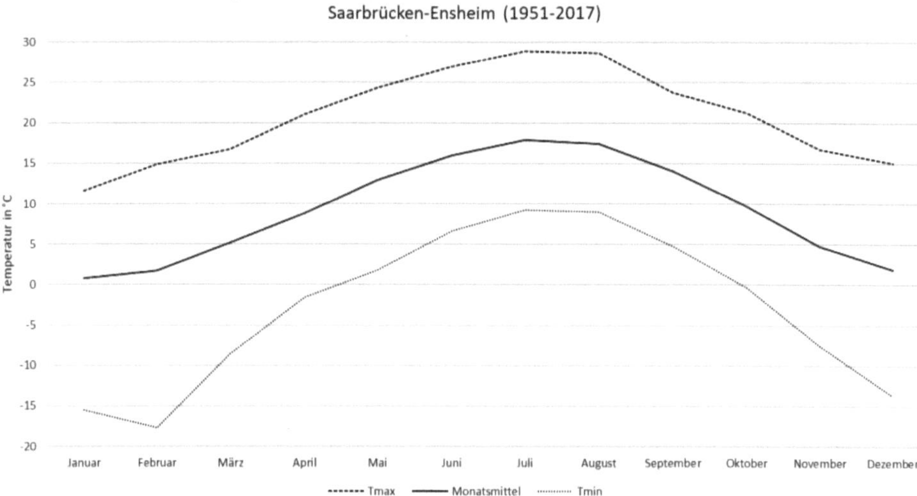

Abb. 94: Monatsbezogene Mittelwerte und extreme Tagesmittel der Lufttemperatur in Saarbrücken-Ensheim. Die Angabe der Spannweite der zu erwartenden Monatstemperaturen erleichtert die Interpretation der dargestellten Mittelwerte

Grafische Darstellungen gleich welcher Art sollten auf den Betrachter überzeugend wirken. Eine seriöse Darstellung darf durch ihre Gestaltung nicht zu Fehleinschätzungen seitens des Lesers führen. Die Verwendung von absoluten Werten sowie die Dokumentation der Variationsbreite sind einfache Möglichkeiten, objektiv zu bleiben. Auch sollten lineare Größen nicht als Flächen oder Volumen dargestellt werden. Weiterhin besteht durchaus auch bei fast allen Darstellungsarten die Möglichkeit, durch eine Randbemerkung erläuternde Hinweise zur gewählten Datengrundlage, Methode etc. zu geben.

Mit einem interessanten Beispiel aus Beller[96] zur Frage „Können Hunde Eier legen?“ wollen wir anschließend noch auf die Unterschiede in Bedeutung und Wahrnehmung von Anzahl und Anteil eingehen: In einem Raum liegen sieben Würste und drei Eier auf dem Tisch. Der Anteil der Eier beträgt demnach 30%. Ein Hund kommt in den Raum. Nachdem er den Raum wieder verlässt, beträgt die Anzahl der Eier 60%.

Die Prozentzahlen legen nahe, dass sich die Anzahl der Eier verdoppelt hat. Doch anstatt anzunehmen, dass der Hund tatsächlich „Eier gelegt“ hat, ist klar, dass er stattdessen Würste aufgefressen hat. Es werden hier Zahlen verglichen, die nicht die gleiche Basis, das heißt die gleiche Gesamtzahl haben. Durch die verschleierte Darstellung wird suggeriert, dass ein Zuwachs stattgefunden hat. Dieses Beispiel macht deutlich, wie wichtig die Kenntnis der absoluten Zahlen für die Interpretation von Anteilen ist.

8.8 Weiterführende Literatur

Beller, Sieghard (2008): Empirisch forschen lernen. Konzepte, Methoden, Fallbeispiele. Tipps Taschenbuch

Bortz, Jürgen (2016): Statistik: Für Human- und Sozialwissenschaftler. 6. Auflage, Springer Verlag Heidelberg

Huff Darrell (1993): How to lie with statistics. W.W. Norton & Company, New York London

Dewdney, A. K. (1994): 200 Prozent von nichts: die geheimen Tricks der Statistik und andere Schwindeleien mit Zahlen. Birkhäuser Verlag, Basel #######

[96] Beller, Sieghard (2008): Empirisch forschen lernen. Konzepte, Methoden, Fallbeispiele. Tipps Taschenbuch

9 Chatbots in der Datenvisualisierung

Die Lernfragen zu diesem Kapitel finden Sie unter:
https://narr.kwaest.io/s/1269

Chatbots sind Dialogsysteme mit natürlichsprachlichen Fähigkeiten textueller oder auditiver Art, die das Chatten / Kommunizieren mit technischen Systemen erlauben. Ihre Funktionsweise beruht auf der Verarbeitung von Eingabeaufforderungen und dem Bereitstellen von entsprechenden Antworten oder Aktionen. Die Geschichte von Chatbots geht bis in die 1960er-Jahre zurück. Als erster Chatbot gilt dabei *Eliza*, eine erste Demonstration einer virtuellen Psychotherapeutin, die Joseph Weizenbaum in den Jahren 1964 bis 1966 programmierte.

In der Chatbot-Welt unterscheiden wir grob zwischen regelbasierten Bot´s und solchen, die auf Künstlicher Intelligenz (KI) und Natural Language Processing (NLP) basieren. Während erstere meist auf eine vorgefertigte Datenbank, eine sogenannte Wissensdatenbank. mit Antworten und Erkennungsmustern zurückgreifen, kommen letztere bei komplexeren Abläufen zur Anwendung. Letztgenannte Chatbots erkennen die jeweilige Anfrage und Intention des Nutzers, ziehen aus den fortlaufenden Dialogen Schlüsse und entwickeln so ihre Datenbank ständig weiter. Laut BMBF handelt es sich hierbei um technische Systeme, die Probleme eigenständig bearbeiten und sich dabei selbst auf veränderte Bedingungen einstellen können.

Zwar werden Chatbots durch Fortschritte in der KI-Technologie immer vielseitiger und leistungsfähiger, trotzdem gibt es immer noch Grenzen in Bezug auf das Verständnis menschlicher Sprache und die Ausführung komplexer Aufgaben wie wir nachfolgend sehen werden.

9.1 KI-gesteuerte virtuelle Assistenten

Diese Bot-Kategorie ist in der Lage, eine Vielzahl von Aufgaben zu bewältigen. Die Beantwortung von allgemeinen Wissensfragen, das Führen von Gesprächen zu verschiedenen Themen sowie die Erstellung von Texten und Inhalten basierend auf den Anforderungen des Benutzers fallen beispielsweise darunter. Exemplarisch seien an dieser Stelle die Anwendungen ChatGPT[97] oder Luminosus[98] genannt. Während diese Bot´s bei entsprechender kritischer Nutzung im

[97] https://chat.openai.com/

[98] https://app.aleph-alpha.com/

Bereich von Studium und Lehre vielfältig und auch gewinnbringend eingesetzt werden können (z.B. Strukturierung von Fachvorträgen, Debugging von Programmiercode), ist eine erfolgreiche und produktive Nutzung im weiten Feld der Datenvisualisierung aktuell (Mai 2024) eher bescheiden.

Da die Bot-Fähigkeiten bei dieser Gruppe rein textbasiert sind, ein Zugriff auf die lokal vorhandenen Ressourcen unseres Geräts nicht möglich ist und auch keine Grafikeditoren etc. angesteuert werden können, müssen wir uns die Unterstützung durch einen Chatbot z.B. bei der Diagrammerzeugung über einen kleinen Umweg einfordern:

Da der Bot über erweiterte Programmierfähigkeiten und desweiteren über Kenntnis der Syntax der unterschiedlichsten Programmiersprachen verfügt, lassen wir uns den Code zur Erstellung eines entsprechenden Diagramms erzeugen. Diesen kopieren wir schließlich in unsere Programmierumgebung, führen den Code aus und erhalten so das gewünschte Diagramm.

Von zentraler Bedeutung ist bei dieser Vorgehensweise, dass alle erforderlichen Parameter (z.B. Titel, Achsenskalierung und -beschriftung, Legende, Datenbereich) exakt definiert werden. Nachfolgend finden Sie ein Beispiel für die Erstellung eines einfachen Verlaufsdiagramms in MS-Excel unter Zuhilfenahme von ChatGPT (24.1.2024):

Prompt: „Erstelle einen VBA-Code, um in Excel ein Verlaufsdiagramm zu erzeugen. Die relevanten Werte befinden sich in der dritten Tabellenspalte von Zeile 2-23. Der Titel lautet „Durchschnittsverbrauch im Februar", die vertikale Achsenbeschriftung ist „Kwh", die Horizontale Achsenbeschriftung lautet „Jahr", die Werte der horizontalen Achse sollen der Spalte 1 entnommen werden."

Ergebnisausgabe ChatGPT:

```
Sub VerlaufsdiagrammErstellenMitDatenUndAchsenbeschriftungen()
    Dim ws As Worksheet
    Dim rngData As Range
    Dim rngLabels As Range
    Dim cht As ChartObject
    ' Arbeitsblatt festlegen
    Set ws = ThisWorkbook.Sheets("Tabelle1") ' Ändere "DeinBlattName" auf den Namen deines Arbeitsblatts
    ' Datenbereich festlegen (dritte Spalte, Zeile 2 bis 23)
    Set rngData = ws.Range("C2:C23")
    ' Horizontale Achsenbeschriftungen festlegen (erste Spalte, Zeile 2 bis 23)
    Set rngLabels = ws.Range("A2:A23")
    ' Neues Diagrammobjekt einfügen
    Set cht = ws.ChartObjects.Add(Left:=100, Width:=375, Top:=75, Height:=225)
    ' Diagrammtyp festlegen (Verlaufsdiagramm)
    With cht.Chart
        .ChartType = xlLine
        .SetSourceData Source:=rngData
```

```
        ' Titel und Achsenbeschriftungen hinzufügen
        .HasTitle = True
        .ChartTitle.Text = "Durchschnittsverbrauch im Januar"
        .Axes(xlValue).HasTitle = True
        .Axes(xlValue).AxisTitle.Text = "Kwh"
        .Axes(xlCategory).HasTitle = True
        .Axes(xlCategory).AxisTitle.Text = "Jahr"
        ' Horizontale Achsenbeschriftungen setzen
        .SeriesCollection(1).XValues = rngLabels
    End With
End Sub
```

Gänzlich ohne Programmiererfahrung und einer fehlenden Kenntnis der Syntax von VBA dürfte aber auch diese Vorgehensweise unbefriedigend sein.

9.2 Bildgeneratoren (Text-to-Image-Generatoren)

Chat-basierte Bildgeneratoren sind eine Technologie der künstlichen Intelligenz (KI), die es ermöglicht, Bilder auf der Grundlage von textuellen Beschreibungen oder Anweisungen zu erstellen. Diese Generatoren kombinieren fortgeschrittene Textverarbeitungsfähigkeiten mit Bildgenerierungsalgorithmen.

Bei den Bildgeneratoren wird im Anschluss an eine Beschreibung oder Anweisungen in textueller Form durch den Benutzer die eingegebene Textbeschreibung von einem KI-Modell verarbeitet. Dabei versucht das Modell, eine semantische Repräsentation des Textes zu erstellen und daraus visuelle Merkmale abzuleiten. Hieraus generiert der Algorithmus abschließend ein Bild, je nach den Fähigkeiten des Generators.

Chat-basierte Bildgeneratoren finden ihre Anwendungen in verschiedenen Bereichen, einschließlich der Erstellung von Kunstwerken, Design, Content-Erstellung, Spieleentwicklung und mehr. Sie bieten auch die Möglichkeit, kreative Ideen visuell umzusetzen, ohne dass umfangreiche zeichnerische oder grafische Fähigkeiten erforderlich sind. Beispiele für derartige Systeme sind DALL-E[99], Adobe Firefly[100], Midjourney[101] oder auch Stable Diffusion[102].

Aus dem oben Genannten könnte man annehmen, dass sich Bildgeneratoren – neben der Generierung von Bildern und Kunstwerken zu allen möglichen Themen – auch in idealer Weise zur Erstellung von z.B. Infografiken eignen könnten.

---

[99] https://openai.com/dall-e-2

[100] https://www.adobe.com/de/products/firefly.html

[101] https://www.midjourney.com/

[102] https://stability.ai/news/stable-diffusion-public-release

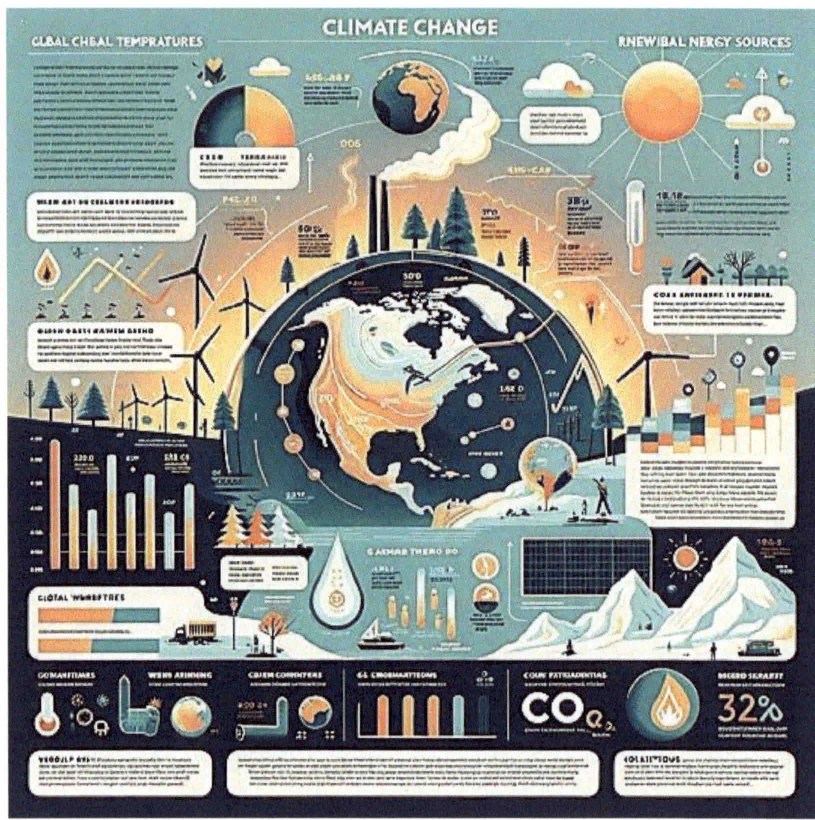

Abb. 95: Infografik als Ergebnis folgender DALL-E Anfrage (24.1.2024): „Erzeuge eine Infografik zum Thema Klimawandel"

Zum aktuellen Zeitpunkt (Mai 2024) waren diese (z.B. DALL-E und Adobe Firefly) zwar in der Lage, Infografiken themenspezifisch als Bild aufzubereiten, die inhaltlichen Angaben innerhalb der Grafiken waren aber weder lesbar (z.T. wurde ein unbekanntes fiktives Alphabet verwendet) noch mit tatsächlichen Informationen angereichert (siehe obige Abbildung). Da die Leistungsfähigkeit und Funktionen von Chatbots je nach Plattform und Integration variieren und auch einer ständigen Weiterentwicklung unterliegen, stellt dies aber lediglich eine aktuelle und subjektive Einschätzung des Autors dar, welche mit künftigen Tools ggf. überkommen sein wird.

Das Problem bei von chatbasierten Generatoren erzeugten Bildern besteht aktuell also darin, dass die Qualität und Natürlichkeit der generierten Bilder und Grafiken oft nicht den Erwartungen entsprechen: Mangelnde Details und Realismus,

Inkonsistenz im Stil sowie verzerrte Darstellungen sind technische Probleme, die es zu lösen gilt.

Gravierend stellt sich in diesem Zusammenhang aber auch das Problem der DeepFakes dar: Deepfakes sind synthetisch generierte Medien, bei denen Techniken der KI verwendet werden, um Bilder oder Videos zu erzeugen, in denen Personen Dinge sagen oder tun, die sie in Wirklichkeit nie gesagt oder getan haben. Ein prominentes Beispiel für solche DeepFakes ist sicher das Bild des Papstes Franziskus im weißen Daunenmantel, welches Anfang 2023 in den sozialen Medien viral ging.

DeepFakes in Bildern zu erkennen bleibt schwierig, da die Technologie stetig fortschreitet und immer realistischere Ergebnisse liefert. Es gibt jedoch einige Anzeichen, die darauf hindeuten können, dass ein Bild ein DeepFake ist wie z.B. unstimmige Gesichtsmerkmale (z.B. seltsam aussehende Haare oder Haut, unförmige / fehlende Finger), Augen oder Blickrichtung passen nicht, oder auch unpassender Bildhintergrund und Kontext sind Indizien. Parallel zur Weiterentwicklung der Techniken zur Erstellung von DeepFakes gibt es mittlerweile auch spezielle Software und Online-Tools, die in der Lage sind, mittels detaillierter Bildanalyse DeepFakes zu erkennen (digitale Forensik).

Neben möglicher Desinformation, Rufschädigung und Vertrauensverlust in die Medien haben DeepFakes auch das Potenzial, die öffentliche Meinung zu manipulieren und Wahlen zu beeinflussen. Zwar gibt es Bemühungen, Technologien zu entwickeln, um DeepFakes zu erkennen und zu bekämpfen, aber dies bleibt sicher ein andauernder Wettlauf zwischen Erstellung und Erkennung solcher Fälschungen.

Für die Nutzung von KI-basierten Tools in Studium und Lehre gibt es mittlerweile von den meisten Hochschulen Anleitungen zur Nutzung dieser Werkzeuge im Rahmen der Hochschulausbildung[103] ebenso wie die sinnvolle Nutzung an Schulen[104].

9.3 Weiterführende Literatur

Crowder, James & John Carbone (2024): AI Chatbots: The Good, The Bad, and The Ugly. - Synthesis lectures on Engineering, Science and Technology, Springer

Jamison, Paul (2023): The Beginners Guide to AI – Discover the Exciting History of Artificial Intelligence, Today´s Developments, and Tomorrow´s Solutions. - Independently Published

Russel, Steward (2019): Human Compatible: Artificial Intelligence and the Problem of Control. - Penguin Books

---

[103] https://www.htwsaar.de/dgll/ki-in-der-lehre/handreichung_ki-tools_studierende_21-07-2023.pdf

[104] https://bm.rlp.de/schule/ki-im-klassenzimmer

Index